獻給愛我到底的，上帝

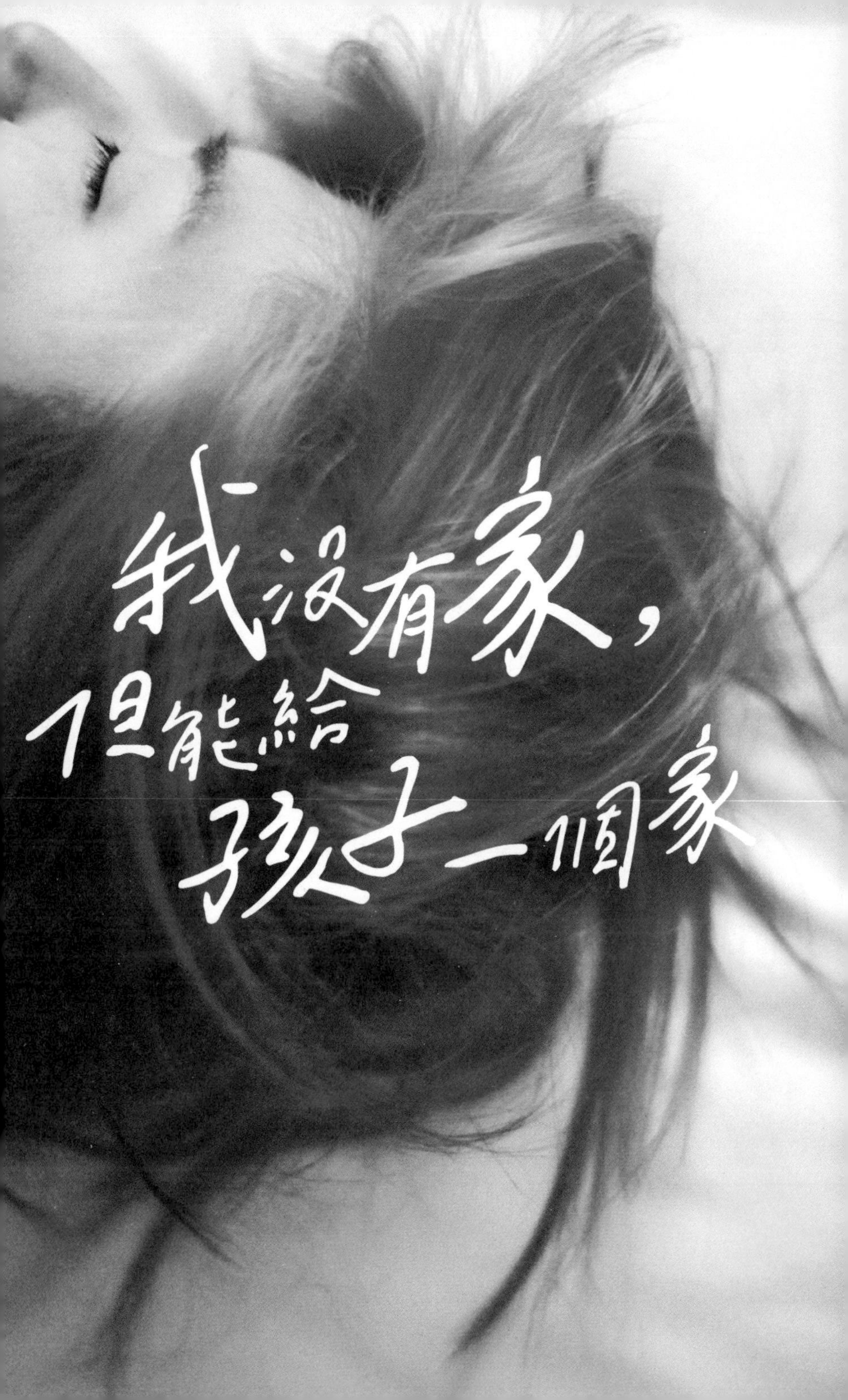
我沒有家，
但能給
孩子一個家

推薦序

1

未經雕琢的文字，傳遞深刻的情感

心靈教育暢銷作家
——李崇建

與雷娜相識多年，彼此見面不多，但有很深的交流。

我們認識於一場演講，雷娜參與講座後，彼此有文字互動，見面談學習心得，也談公益團體的發展。原來我們有志一同，進入薩提爾領域，都是薩提爾學習者，她師從吳就君老師，我師從貝曼老師，都是薩提爾女士親傳。

會走入薩提爾模式，也許與成長歷程有關，我們都不太順利，都有一段艱辛的歷程。但雷娜的生命故事，非我或一般人堪比，是特別艱難的風景。

雷娜的童年經歷，那些創傷的歷程，很難聯想如何成長？太多的悲傷、疏離、困惑、背叛與傷痛，聽者往往一掬眼淚。雷娜從中長大了，她並未否認這些創傷，至今仍然可能影響著她，她從未放棄自己，也從來都懷抱希望，創辦了公益團體，扶持被需要的孩子們。

雷娜走過艱難的過去，更能理解受創的孩子，更能展現創造力，為孩子們尋找更多可能。

她都寫在這本書裡了，素樸的文字，未經任何雕琢，傳遞深刻的情感，那些曾經困惑的，曾經哀傷與恐懼的，幻化成夢想的，一路以來堅持的，她所能觸及與辯證的……

我仔細翻閱內文，即使已經知道一些故事，仍不斷被觸動，不斷掩卷沉思：生命可以這麼痛，也可以承載這麼多，更可以幻化成美麗。

我為雷娜深深感動，也深深地欣賞與讚嘆……

2

「非常」的勇氣

國家人權委員會委員

——紀惠容

認識雷娜，我覺得她的勇氣是一種「非常」的勇氣。在脆弱、缺愛的處境下長大，她仍有一種可以自我覺察的勇氣，可以自我面對、自我接納的勇氣，最重要的是一種願意自我改變的勇氣。這非常不容易，我稱它為「非常」的勇氣。

一本醞釀十年的書終於要出版了，賴雷娜將書名訂為《我沒有家，但能給孩子一個家》，很震撼。看著雷娜一路走來，從小缺愛，在家庭功能缺乏的環境下，自我求生，飽受虐待；到了勵馨基金會，原本以為找到避風港，也進入大學就讀，無奈礙於法律規定，十八歲就必須離開。她再度陷入困境，一路跌跌撞撞，無以為繼，但仍勇敢面對，甚至到酒店上班賺錢繳學費，發誓以後一定要幫助像她一樣身處困境且脆弱的孩子。

感謝上主，上主給了她無比的勇氣，她與學兒少工作的老公，憑著想幫助脆弱處境青少年的一股傻勁，共同創辦了 I-LIFE。

他們沒有錢，只有夢想，就這樣從願景、策略、方案，先以夢想騎士、零元旅行開始打天下，終於慢慢成形。

過程中歷經組織重組，但也讓她更加確定就是要給予脆弱處境青少年深度陪伴與輔導。上主預備一位充滿正能量的老公在她身旁，這完全是上主的恩典。

雷娜從懷孕開始的種種不適應，莫名又激烈的偏頭痛，到生下孩子，沒有好過一天。她沒有懷孕的喜悅，但奇妙的上主，讓她從新生命中慢慢體會另一種愛，如今她說：「我沒有家，但可以給孩子一個家。」這是一種「非常」勇氣之後的驕傲。

人生有很多很多困難，雷娜從脆弱處境走出來，幫忙無數陷於脆弱處境的孩子，這樣的「非常」勇氣讓我佩服。

3

記得自己是誰，成為誰的樣子

國際環境組織 350.org 亞洲區管理總監
——張良伊

在燦爛的笑容之外，「記得自己是誰，成為自己的樣子」是常從雷娜身上感受到的力量。

臺灣，一直以來最美的風景原本就不只是人，而是人與人之間的關係和故事，而我們，都在找尋屬於自己更完整的道路上。

4

接納脆弱的背後，需要很大的勇氣

娃娃活工作室負責人
——楊淑雯

應該四年了吧！我們認識的時間。

當時小娜和仁銘走進店裡，我記得仁銘穿著兩隻不同款式的鞋子，小娜穿著鵝黃色的洋裝，頂著一頭高彩度金髮。

小娜很認真詢問店裡的每一件作品，往後她來和我說話、聊天還是如此認真，就連開玩笑也很用力，笑聲誇張。但曖昧不明的言語又會讓她突然嚴肅起來，面對這樣的她，其實我有些壓力，同時對她外表和行為的衝突，感到有些納悶，那是對人的設防或武裝呢？

我們每次碰面如同洋蔥般，需要一層又一層地剝開過往，我卻無法向裡面探詢，因為我的內心受到衝擊，眼淚決堤。身為母親的我，無法想像為什麼有人會不要心愛的女兒。然而，真的有父母不愛小孩，小娜遇到了，她無法選擇。

每個人或多或少都帶著傷前進；有人無視傷口化膿，有人傷口結痂又狠心撕開，也有人正視傷口，勇敢療傷。因為工作、家庭，以及各種來來去去的關係，小娜似乎不斷重複上述過程，或是說她很願意重整自己，因為，父母沒有教過她要如何長大。

接納脆弱的自己背後，其實是花了很多力氣在勇敢上。

雖然當了母親的小娜，肯定要花很多時間在孩子上，因為她沒有母親的經驗可以依循。一如過去，小娜很認真學習，包括寫書，再次梳理她的人生，再次看待自己的傷口，因為她不只想做好母親，還想做個好好和小孩說話、相處的大人。

5 祝福、連結與造就

TFT創辦人暨董事長
——劉安婷

雷娜的文字如其人，真實卻不濫情、溫柔卻不自憐、堅定卻不尖銳。或許能認識她本人的人有限，但她的故事本身所具有的生命力，相信能祝福、連結與造就更多人。

6 用心用智慧，陪伴走完階段旅程

前宏達電副總經理
——盧克文

很開心雷娜終於將自己人生的轉折出版成書了，自我封閉、無處可容的小女孩，經歷破碎後的堅強，不是因為她變強大，而是更加認識破碎終點所帶來的極大殺傷力，於是，驅動她及仁銘戮力同心幫助每一個想要改變的青少年。

認識雷娜的這幾年來，她與先生仁銘在萬華的小小工作室，我很訝異少少幾個人，卻做了這麼多奇特的事，影響深遠。雷娜因自身失親經驗，發覺許多孩子脫離育幼院的保護後，必須走進社會孤單奮鬥，即將面對環境給予的殘缺不足與自我失落，於是願意承接這樣破碎的心，並看見潛藏改變的機會。

深入更多了解「夢想騎士」是陪伴孩子，帶著「信心」去「壯遊」的「深度挑戰」，不能用錢解決問題，而是用集體討論的共識探索世界、承擔錯誤、接納彼此的有限，同時，更以耐心等待犯錯的人回轉，真是太神奇了！這樣的勇氣、毅力、耐心與堅持，都是我在全臺各地企業、機關團體及扶輪社演講時談及的「品格決定未來」。

如第三篇寫的〈出走，就能走出自己的路〉，世界有許多美善，要用自己的美善才能發覺，而他們成立「I-LIFE國際行動協會」更是要努力帶出「出走課程」的深度價值。近五十期，帶著許多孩子出走雲南、西藏、馬來西亞、新加坡及歐洲，還有臺灣各地，不用金錢，而是用上天給予他們的熱情、生命及勇氣，創造每一人的應變、改變及蛻變。

去年看著她因懷孕帶來的頭疼欲裂和無力感，我似乎進入了家長的角色，對孩子的病痛哀號充滿了焦慮與憂愁。然而，看著雷娜，關關難關也關關過，更訝異上天真無絕人之路。

恭喜雷娜初為人母的喜悅，也有許多要調整作息，更加重要的，她從小失去的母愛，上帝卻從她的內在生命的持續成長與蛻變中，活出喜歡的自己，也祝福在這家中的新奇蹟與新生命的茁長。

期待這本書可以幫助到許多尋找自己未來的年輕人，成為許多助人工作者的內心啓發。

7

有時候，你不知道這是「有」的時候

廣告導演
——盧建彰

有時候，我們得藉別人生命好理解自己的幸運；有時候，我們得藉改變別人生命好理解自己的幸福；有時候，我們懶懶的，只想躺在床上滑手機，也許一小時後，只感到眼睛痠痛、頸肩僵硬、內心空虛，這是我自己認為最常發生的不環保。

資源浪費了，做許多事都會更好，什麼都不做也好，聊聊天更好，眼睛對眼睛最好，如果不行，讀這本書，應該也好。

8

笑容的背後，藏著一個傷

背包旅人

——藍白拖

我對雷娜的印象是笑容，總是以笑容面對朋友與世界，看了她的書，我才知道原來每個笑容背後都藏著一個傷。然而這個傷，是天使給予的記號，好讓他可以找到伙伴。

作者序

關於愛的這條路

——孫羽柔

和雷娜相遇是在我準備升大學的那一年，她染了一頭亮麗的粉紅色，在臺中二十號倉庫邀請駐村藝術家參加她的攝影展，我在旁邊觀畫，見她似乎因為語言的有限與對方產生溝通上的障礙，於是主動走上前詢問是否需要幫助，也為了要能夠理解攝影展的理念，於是，我們展開了深入對話。沒想到這一談不只幾分鐘，而是好幾天的事。

當時還做為社工的她，在協助個案填寫資料申請時帶著我一同前往，規劃展覽時也帶著我構思布展，我們一起到學校的滷味攤吃飯，一起回到她家的黑色床休息，一起去了大大小小的不同地方，也是在這個時候聽見她想要辭掉工作，開始夢想騎士的計畫。

對那時的我來說，她理解的語言、反叛的形象、大膽的姿態與高度自省的嚴格，大大引起了我的共鳴。

我和親朋好友分享了關於夢想騎士的點子，卻被熟知世故的他們提醒，這未免太過天真。然而，反而更讓我感受到自己與她的親近，我們都是在所有的限制與規則中，渴望傾聽內心的聲音，真誠面對「心意」的人。

青少年時代的我對此非常震撼。第一次感受到原來自己不是怪異或一個令人失望的孩子，只是和其他人不太一樣而已。

幾年相識下來，花了許多時間終於完成各位手上正拿著的這本書，也讓我對於她和她想做的事情有了更深刻的理解。

她是一個很真實的人，就像你和我一樣。我們都有各自的故事及背景，各自的掙扎或說不出的話，各自的困惑與願望，但在她那雙黑白分明的雙眼中，我看見她的脆弱、善良、夢想，以及總是好努力、好努力的古道熱腸。

我深愛她的幽默感。

每個人心中都有一道或好幾道打不開的門，我知道她是一座燈塔，能夠引人走出自己的房子，觀看門外絢爛的光線、飛揚的浪花、喧鬧鼓舞的蜂蝶，讓人將目光拉到更多生命可能可以擁有、發生的面向，並且我也相信，夢想騎士和長期陪伴所想要帶給社會的價值，會以最適合的方式，一點一點滋長發酵，結出其尋味的果實。

而我原諒那些以暴力之實行愛之名的人們，我想，我們都在練習愛的這條路上：而我感謝那些謹慎敏銳、溫柔傾聽、不讓愛成為一個噱頭的人們，我想，我們都在練習愛的這條路上。

作者序

在囧境裡掙扎的脆弱青年

——賴雷娜

「如果我夠厲害，是否現在的生活就不會如此痛苦了。」好長一段時間，我經常用這段話否定自己。

就算很努力完成高中、大學學歷，依然沒能讓生活過得比較好，常陷入嫉妒和憂鬱的比較之中，分不清到底要先實踐別人的期待，或者滿足自己的基本需要。

對未來，雖然有很堅定的目標，卻依然害怕作夢，因為這個夢，只是一般人擁有的幸福家庭和平靜生活，而不是遠大崇高的理想。

要走出困境，「相信一切都會好起來的」，不只需要堅強的個人意志，更需要被社會大眾看見、協力和信任，才能有機會改善。而這，只是有機會而已。

曾身為脆弱青年的我，處在低潮時，不管如何強顏歡笑，或用正面心態面對，都可能會加劇反效果；儘管奮力掙脫，卻很少能在當下爬起來，並且陷得更深。

因為，我的圈子裡，無論情感、工作或生活，多數都來自相似背景的同儕互助。圈子太小，讓我沒有額外的時間和機會，去改善生活環境的可能。

脆弱青年需要的和保護性兒童及少年不同，他們不只需要自立生活，更需要穩定的經濟收入，才能有活下去的動力。而活得好這件事，不單單只是物質滿足這麼簡單，更需要許多人的幫助和支持，給予照顧和陪伴，重建品格和責任感，才能真正走出底層。

當他們求助時，需要你的相信。

當這群脆弱青年有機會被看見時，其實，是有許多善心願意投入。可惜的是，往往都只有一次性參與，並且期待立刻見到果效。

希望這本書能夠成為一個改變的契機，讓更多沒有家的脆弱青年，能夠被嘗試理解不幸的背後不單單是個人行為問題，有更多複雜性的家庭與社會結構問題。

不要因為他們缺乏對人的好奇心、不擅於人際互動、沒有學習動機、缺乏同理心，就黏貼上「他們沒救了」的標籤，因為，脆弱青年的處境，遠比我們所想的複雜。

政府的殘補式與分割式服務政策，無法達到永續改善的成效，於是，民間團體竭力尋找適當的途徑，期待在脆弱青年產生毀滅性行為之前，有機會被承接住。然而，民間團體能獲得的資源，卻需要竭力爭取，與老弱婦孺及身心障礙等各樣需要幫助的人瓜分，才能分得微少的補助。

從自身經歷到實務工作現場的投身，我深刻體會到「重建脆弱青年的自尊和自信，需要為時數年」。

他們需要的不只是職業媒合及理財規劃，更需要興趣探索、專才培養、輔導陪伴及適性引導等整體協助，因為，他們的生活節奏很早就不在主流社會軌道上，若硬生生將成功經驗套用在他們身上，只會產生更多無奈和失望，忘記他們在崩壞之前，是如何被家庭及社會忽略、甚至是遺棄與傷害。

願閱讀這本書的你，能夠在日常生活中，給予這群脆弱青年一點好奇、包容、關心和幫助，讓曾經的沉痛踉蹌，化成未來的別來無恙。

作者序

我　沒有家，
但能　給孩子
一個家

目次

推薦序

作者序

我沒有家，
但能給孩子
一個家

Chapter 1

我的創傷來自家庭

親愛的寶寶，這是我的母親

「如果當初沒有生下妳多好，現在我就很自由了。」自從有記憶以來，這是母親最常對我說的一句話。

剛出生時，其實我並不叫「雷娜」，只是做為一枚老婆用來綁住丈夫的心的籌碼。當時，為我命名的人是醫院的護士，她希望我的出生能夠為我們家帶來財富，同時，也祝福母親如果未來懷有第二胎，可以生個男孩。於是，兩者結合起來，我有了「銀兒」這個名字。

母親的確因此綁住了父親，可惜綁住的只是一個徒然的虛名，而不是父親的真心。

父親認為自己英俊、瀟灑、年輕，前景大有可為，不想就這樣安定下來，對眼前的現實負責，他的注意力不在母親身上，也不在我身上。即便母親著魔似地迷戀著他，每次聽她提起父親，都會用一種近乎崇拜的口氣說著他長得多帥。然而，他們之間從來都處於一個不對等關係，母親在這段關係中，一直是那個得不到丈夫全心的愛與關注的女人。

一直到後來，當我從成長過程建立的伴侶關係裡，把自己由孩子的角色分化出來，以身為女人的位置解讀這件事時，才漸漸能夠體會母親的許多心情和處境，明白她的脆弱、無助、失落與徬徨。

但這層更深入的理解，並沒有因此抹煞了母親未曾好好正視我——「身為她的孩子、一個同她有母女關係的生命」的這個事實。所以，也影響了我對成家或生育孩子等事務有著極深的不安全感，唯恐一個

▲　我和陌生人

我沒有家，
但能
給孩子
一個家

不注意就重蹈母親的覆轍，讓孩子承受我的陰影，成為夫妻吵架中對抗或攻擊對方的手段。

我要如何保證自己已經處理好這些生命的陰影，不讓孩子感受到自己所經歷的錯誤對待？我要如何確定自己已經有能力承諾在一段伴侶關係中，我不會用母親對父親外遇的恐懼，對待我的丈夫？我要怎樣才能在面對大量挑戰與轉變時，依然真誠地面對自己，不因為疼痛或悲傷而全數搗毀好不容易建立起來、對生命的信任？

生下我以後，母親不再是一個人到飯店找父親，通常都會帶著稚齡的我。

一開始，我還以為要去飯店玩，興奮雀躍地終於可以見到很久沒回家的父親，但通常我什麼都還沒玩到，抵達飯店見到父親後，接下來就是他們兩個人張牙舞爪、互相叫囂的畫面。沒有人向我說明到底發生什麼事，我就和「驚嚇」站在旁邊，止不住發抖地觀看那一場成人暴力劇上演。

當時沒有人向我說明，為什麼我愛的兩個人，以為會保護、照顧我的父親與母親，是用仇恨彼此的方式互相攻擊？他們是因為我而吵架的嗎？是不是因為我被生下來，所以父親才不回家？我抱著無岸可靠的自責和自我懷疑，經過一間又一間旅館，失和的幽暗陰影，一遍又一遍刺入我的童年記憶。

這樣的情況一直維持到國小六年級，母親突然帶我離家，將我送到一個沒有血緣關係的阿姨家寄住，獨自前往日本工作。

阿姨告訴我：「妳媽，是我這輩子遇見過最壞的人。」

在一個完全陌生的新環境裡，身邊沒有熟悉的人可以信靠，聽見有人這樣描述自己的媽媽，我的情緒顯得更加焦慮、複雜。所以，媽媽是因為我才變得這麼壞嗎？我感覺自己彷彿是母親婚姻中的重擔，是父親生命中的雜質，是阿姨生活中的困擾，我的存在，到哪裡都不受歡迎。

同時，我卻一點也不希望其他人是這樣看待我的母親，但我似乎能夠理解為什麼阿姨會這樣評價她。從我所擁有的童年經驗來說，經歷過的不是母愛、溫柔關懷或陪伴教育，而是不負責任的遺棄、反覆的情緒勒索和各種以愛之名行使暴力的對待。

我想，母親不懂得怎麼好好地愛自己，始終糾結於想不透為什麼她所愛的男人，沒辦法如同她愛對方那般回應她的愛；於是，她選擇用一種極為自私的方式爭取他的愛，卻還是從來都沒有得到她想要的。

她將得不到愛的悲傷，轉嫁到我尚未經歷世事的心靈。在知道世界是有愛的以前，我最先接觸到的是這片充滿寂寞與斥責的悲傷沙漠。

二〇一六年，正在歐洲出差的我，突然接到一通陌生來電，聲音落下：「妳的母親因心肌梗塞過世，若妳無法回臺處理，她將會一直存放在醫院的停屍間。」原以為是詐騙集團的新話術，要我轉帳安喪費，但當電話那端表明自己是一位警察後，那個消失已久到我幾乎以為她不存在的母親，頓時浮現在腦海中。

和老公經過多次深談，我決定中止行程，借了錢買機票，立刻收拾行李，獨自從羅馬尼亞回臺灣，直奔停屍間。

從沒想過再次和這個人見面會是在這樣的場合。

▲　聽說小時候的我很可愛，
但我沒有任何記憶

她閉著雙眼平躺在冷冰的鐵灰色架子上，罩上一條純白色的布，一動也不動、一句話也沒說，把她人生的結和我人生的索，一起帶入永恆的沉默。

至少她維持了自己的一致性，暴力地出現在我的生命中，也以某種暴力的冷漠離開了我的生命。

整理遺物時，在她的皮夾找到一張寫著我電話號碼的小紙條。母親的雇主告訴我：「她經常向其他同事提起妳，炫耀她有一個漂亮的寶貝女兒。」

我在來不及消化的恍惚中，面對這些從來不知道的事，母親的死亡為我帶來的疏離感多於憂傷。我想知道，為什麼她有我的電話號碼，卻從來都沒有打給我？或者某幾次我錯過的不明來電，會不會就是她打來的？她又怎麼好意思向其他人說起有一個女兒，卻從來沒有提到下半段的事實是——她已經很久沒有和這個女兒見面了？

這些尖銳的疑問持續伴隨著我，直到辦完喪事後的第二年，我才自完全隔離感受的狀態裡，逐漸生出一點餘力，看見自己身為一個孩子所受到的傷害，並分化出母親身為女人的這個角色，遭遇的挫折和憤怒，並不是因為我的存在而發生。

她的不自由不是因為我，痛苦也不是來自於我，和父親關係的癥結不是因為我，對生命的詆毀和否定更不是因為我。我從來都不應該承受她的生命，我不應該，也沒有其他人應該。

我沒有在我們充滿傷痕的關係裡得到她的解釋，但我想要理解她，想要用這些年以來所淬鍊出來的力量，解開我們之間始終未解的結。

即使我不一定能夠愛她，可是我想要明白，為什麼我們的愛會在彼此身上失能。

唯有真正理解到這件事情後，我想，我才能夠更坦然一些地說：「我對我們的關係，負起我能夠負的責任了。」我接納了那個一直隱藏在自己心上，被遺棄的那個童年的我。

現在，我即將成為一個母親。

▲ 我告訴自己，只能面對

你的家，終究不是我的家

阿姨是母親的朋友，她們在我國小約莫五、六年級時認識，是一個和我沒有血緣關係的人。

我的人生有兩段時間都是住在這個阿姨家，一段是國小六年級下學期、母親獨自跑去日本工作時，另一段則是在我離開安置機構後的前二個月。

母親認識阿姨後，經常向她借錢。阿姨幾乎每次都答應，但母親總是只借不還，或是以珠寶、勞力士等高價飾品做為抵押，卻又以想要配戴的名義借用飾品，然後偷偷拿去典當換現金自行使用，到了最後，甚至演變成無責任心地附贈一個小孩。從有時會把我放在阿姨家幾天開始，放著放著，放到後來甚至乾脆不去領我。

乍聽阿姨評價母親是她遇見過最壞的人時，一股激動的挫折感與焦躁瞬間湧上。即便自己對於母親的許多行為也無法釋懷，但從其他人口中聽到他們對母親負面、否定的論斷，這種感受仍然是完全不同的另外一件事，讓我十分難受，尤其當自己在某個層面上，其實也能夠理解為什麼阿姨會這樣說時，我的心情更顯得複雜。

不過，雖然母親做了許多傷害阿姨的行為，使得她對人性有許多沮喪和不信任，阿姨卻仍盡力照顧當時還年幼的我。直到我在大學就讀社工系，開始有能力面對我的生命歷程之前，她從未真正將這些事情告訴我。

例如，因為母親持續借錢不還，把我丟在他們家住，卻未履行支

▶ 小時候的我

▶ 我和阿姨的大兒子

我沒有家，
但能
給孩子
一個家

付撫養費的承諾，但阿姨除了要繳房屋貸款外，家中又有已經出生的老大與肚子裡即將報到的孩子要養，在自身經濟壓力如此緊繃的狀態下，還要照顧狀況百出的朋友和她的小孩，姨丈對此非常不諒解。

他們時常為了這些事情引起各種大小糾紛，阿姨在情緒爆發、壓力崩盤的情況下，和丈夫的關係愈來愈差。阿姨並未將這些事情怪罪到我的身上，也沒有因此就把我丟到路邊，任我自生自滅，依然努力敞開她的大方及照養；與他們一家四口同住的經驗，仍然是我生命中，第一次體驗到一個完整的家庭，原來可能的美好樣貌。

舉例來說，阿姨家每週都會一起外出一次，有時候只是簡單吃個晚餐，有時候是去親戚家裡探望，或到科學博物館和公園散步。

在原生家庭從來沒有獲得這樣經驗的我，參與在阿姨最日常的生活中，牽手走路、同桌共食，分享今天做了什麼或規劃假日可以去哪裡逛逛，令我感到無比嚮往和羨慕。

阿姨的家，顛覆了我最早對家庭的認識與想像，所謂和諧的家庭關係、共享生活的片段，原來可以如此簡單。

然而，即使阿姨的家看起來充滿無限美好，但對當時的我來說，那畢竟是阿姨的家，不是我的。

隱約之中，我能夠感受到，即便阿姨沒有將母親做的事情歸咎於我，但她也同時帶有一股很深的希望，期待我能夠幫媽媽善後、甚至幫助她過上更好的生活，即便我其實連自己都養不起，對愛還有許多困惑與失落，困在沒有未來的同時，過去巨大的陰影依然覆蓋著我的青春。

我在成長的歲月中看見，自己就像一個還來不及探索自身與世界便已經滿身髒汙、從來沒有被任何人真正接納過的小孩。

阿姨的家，是一個收容髒東西的地方，他們的明亮一再提醒著，我是一個多麼格格不入的局外人。

離開阿姨的家，我偶爾會回去探望。雖然說是探望他們一家人，最主要還是想探望阿姨，不管是情感上的依賴或物質上的需要，阿姨一直都是我生命裡的重要他人。

無論阿姨是否曾經照顧過我，或是我是否曾經住在她家一起生活，她無法和我建立正面溝通的事實，隨著時間的推移和更多的自我探詢，我漸漸能夠從這當中抽離出來，獨立看見關懷之外，阿姨和我的關係之間，始終存在著懸而未談的傷害。

阿姨並未把母親借了八十萬元的壓力加諸於我，但對於後來得知樓下鄰居的丈夫曾經性侵我，以及我在成長過程中碰到的各種跌撞及徬徨，阿姨其實一直都是採取旁觀者的態度。

我們從未真正一起解決、梳理所有發生的碰撞，對阿姨來說，那些發生在我身上的事情，是我自己需要打包帶走的問題，她已經盡可能提供我物質上的援助與最基本的善意，除此之外，再與她何干？

我既不是她的孩子，也不是她的親戚，我是一個為她添盡麻煩，使她看見人間冷漠的一位朋友的小孩。我的存在，並未替她的家庭帶來溫暖，甚至是一根導火線，把她家庭關係裡的幽微角落燒了出來。

雖然渴望能夠拉近和阿姨的距離，也有過是否可能產生更多真實的親密與交流的期待，但在一次又一次被阿姨不著痕跡地拒之門外後，和阿姨之間的關係，最後也逐漸淡去。

我看見阿姨在能力可及的範圍內，給了我食物和住所，盡了可盡的義務；卻也在我們的關係中看見，在沒有真實的理解，以及缺乏情感的同理中，能夠為一個人帶來巨大的無助和疏離感。

只是，我的身分並沒有辦法消融阿姨面對我時，她心裡所有的那些限制。而我，最後能夠為我們之間做的，就是好好接受這段刻意被劃出來的隔閡，好好感謝阿姨當時用盡全力提供的生活照顧。

我看見的不是父親的背影，而是連背影都沒得看

我的生命裡，大部分的時間，父親扮演著一個缺席的角色。

我不明白為什麼父親可以缺席得如此理所當然，但也因為這樣，談起父親時，相對於生命中其他重要的人，我和他之間的關係，內心糾結的程度大概算是比較輕的。

父親是一個被寵壞的孩子。

他是家中老大，從小，家裡其他兄弟都要去附近的果園撿果子來賣，貼補家計，但父親不用。他說自己長得帥，長大後要當大明星，所以，爺爺、奶奶給了他錢，讓他可以買一臺錄音機，整天都能在家

裡高聲練唱。

父親不需要特別努力就能擁有其他兄弟沒有的錄音機，也不需要考慮家裡其他人的狀況和參與大家的工作；他是一個活在自己幻想世界的男人，童年的教育經驗讓他以為只要輕輕鬆鬆、隨心所欲，就可以得到自己想要的東西。

大約小學二年級前，在我的記憶裡，日子確實過得還算富裕。沒有當成大明星的父親，最後開了一間大賭場，我的生活甚至還有隨扈開車接送。

但這樣的光景沒有維持太久。

從媽媽保留下來的文件資料，裡面有兩本護照、購買名牌汽車的收據，以及幾張父親因為違法聚賭被抓、需要開庭送審的傳票。突然，所有模糊的記憶湧上。

父親違法聚賭、被高利貸追殺，而且還肇事逃逸，有很多小聰明的他，聽說這類案子只要超過二十年沒有被抓到，就不需要付給對方賠償費或入獄服刑。於是，我們總是像老鼠一樣，急急忙忙抓著幾個行李箱，不斷找洞躲藏，他帶著我和母親一起舉家畏罪潛逃。

狡兔有三窟，我們換過的地方不只三個，光是一個國小，我就轉學了四次。

這樣的生活讓我在那些日子裡完全交不到朋友，莫名其妙之間，我就變成一個充滿神祕感的小孩，沒有辦法和新認識的朋友太親近，既要謹慎注意不要不小心說出不該說的話，也沒有誰能夠讓我吐露心

我的創傷來自家庭

事或問問題。不能對同學說我住在哪裡，碰到需要填寫父親職業是什麼的狀況，唯一能做的就是直接空白、跳過不寫。大部分的時間，我都被孤立在不斷逃亡又無處能真正落腳的尷尬之中。

還有一些時候，離家的原因會不太一樣，不是因為高利貸或警察，而是母親為了得到父親的注意力，讓他警覺事態嚴重所使用的一種手段。不過，我已經想不太起來後來父親到底有沒有尋找我們，還是已經氣累的媽媽，心灰意冷地帶著我回去找爸爸。

這樣的狀態使得我常常感到混亂，不知道明天的自己，又會因為什麼理由被帶到哪裡？

是不是又要換旅館了？這次是三個人擠一間小套房，還是只有我和母親兩個人？明天上的會是同一間學校嗎？我要搭公車還是計程車上學？今天和我說話的同學，明天還見得到嗎？我能不能答應他們的邀約一起逛街、吃飯？我什麼時候才會有一個安全的家可以回？

不斷搬家的記憶使我對於搬家這件事一直都有很強烈的焦慮感，而這份焦慮感，聯繫著我對父親的記憶，雖然糾結的程度不深，但那些情緒就像小火滾熱水，總會有煮到沸騰的時刻，我的焦慮感就會在那一刻直接爆發。

那是一個幽微且不明顯的節點，即使現在已經不需要因為父親或母親的影響而搬家，我也建立了一個屬於自己的家。但對「家庭」最初的感受，是建立在充滿不安全感的板殼基礎上，要怎麼重新建立一個可以給予溫暖和穩定感的家庭想像，這是我在日後幾次又面臨需要搬家時，一個很痛苦的課題。

▲　幽微且不明顯的節點，
需要自己一一解開

一次小小的改變，就能觸動我的不安全感，雪崩般的慌張失措頓時席捲而來。比如父親換了工作，常常不回家；又或者交了女朋友，不過問爺爺的意願，直接讓女友住在家裡。理智上，我明白事情沒有感受中來得巨大，但失控的情緒還是會製造出各種充滿張力的疑問句，讓好不容易累積、建立起來的穩定，一夕之間全數瓦解。我知道那會是什麼樣子，我經歷過。

最近一次聽到爸爸的消息，是從姑姑口中得知。

約二〇一八年底，父親因車禍沒有錢繳納保釋金，所以短暫入獄服刑。出獄後，他和女友把東西都囤積在爺爺的家裡，爾後不知去向。有時，父親又會慣性消失，很長一段時間沒有回家；這時，他的女友依然會和爺爺一起住在家裡，只是她既不在乎爺爺的死活，也從來沒有照顧過他。

我聽著這些從姑姑口中輾轉得知關於父親的消息，一次又一次都以為可能可以再見到他的面孔，好好地以成人的姿態對話，說出內心的憤怒、失望和原諒，並有機會知道年輕時的他究竟是如何愛上母親，又是如何反目成仇。

但事實總是令人失望，父親的身影，就這樣隱匿在我腦袋的一角，而我，始終未能見上他一面。

未能與他親自面對面聊聊，其實不會成為心裡的遺憾，畢竟，這一面，他有可能無法以成人的姿態溝通。而我可能因此，將多年來好不容易修煉而成的包容與原諒，轉瞬變為憤怒，呲牙裂嘴地尋討他的道歉。

我的創傷來自家庭

一輩子的老好人，一肚子沒說出來的話

我的爺爺是個郵差，除了寄送信件和包裹以外，他會運送的，還有他的孩子。

長時間載運大量郵件讓他練就一身強大平衡感，一臺腳踏車塞擠四個小孩，對他來說完全不是問題。他的長子還小時便夭折離世，我的父親因此成為家中的長子。

或許是為了彌補失去孩子的心情，爺爺非常溺愛變為長子的父親，當家中其他孩子必須外出打工、協助維持家計時，只有父親不需要到田裡農忙或家庭代工；不需要分擔任何家庭責任，自由歡快地作著他的大明星夢。

那個時代的錄音機並不是什麼便宜的東西，尤其對於爺爺家的經濟狀況來說，這種非日常必需品毫無疑問是一種奢侈，但為了讓父親追夢，爺爺沒有猶豫地便給了父親其他兄弟幫忙賺來的錢，以便購買錄音機。有了錄音機以後，父親整天窩在房內放聲高歌、照鏡子練喉嚨，幻想著帥帥的自己，未來有一天會出現在電視機裡。雖然這並不表示另外兩個孩子沒有自己的夢想，但爺爺從未對這樣的不公平多喙一詞。

如此的沉默也成為父親一路長大以來，與爺爺相處方式的風格。

父親的恣意妄為，為身邊的人添盡麻煩，彷彿世界上所有渴望做的事情，只要他想就沒有不行。然而爺爺的沉默如同一隻無比安靜的鯨魚，無聲吞納父親的任性，這樣的放任，也在我的母親用荒謬名義向他索討金錢時繼續發生。

▲　一輩子的老好人

我沒有家，
但能
給孩子
一個家

母親以我長得太可愛而被綁架的名義，數次向爺爺索討高額贖金。聽聞此事，爺爺二話不說想辦法籌到需要的金額，將錢轉交給母親，換回不知道是被真綁架或真詐欺而被釋放的我。神奇的是，每次我們都能夠遇上信守承諾的綁匪，母親拿到錢後，我就會立刻出現。

爺爺對我的疼愛，當然是明顯可見的。

我是家中的長孫，因為早產而營養不良，出生時過度虛弱，呼吸貧弱到無法像其他嬰兒一樣哭泣；又因為找不到我的血管，無法為我強行施打營養劑，在醫生協助緊急更換醫院進行搶救後，才終於勉強活下來。

面對這個「活」來不易的孫子，爺爺對我展示的情感，一直以來都是靦腆但深情的關懷與愛。然而，在我孕育出足夠的力量，開始能夠對生命有更深入且真誠的反省後，我忽然意識到，對父親之所以會變成後來的那個樣子，和爺爺的教育方式其實有很深的淵源。

常常聽到人說孩子是純真的，「純真」這個狀態看起來很無害、很值得被保護，但它是一種雙面刃，另外一面可以是「肆無忌憚」與「毫不在乎」。父親未發展出來的同理心和發展出來的自我中心，正是結合溺愛後的血淋淋產物。

當包容沒有底線，就不再是關愛；給予沒有節制，就不再是灌溉。

四年前，我第一次鼓起勇氣向爺爺提起對他教育方式的質疑。之所以不用懷疑這個詞，是因為經過多年的反芻思考。我們都需要從和他人相處的過程中，認識其他人的主體性和自己的位置。一段關係中，一旦對方是隱形的，天線就會傾斜，甚至完全倒下。

▲ 強迫自己擁抱，直到成了習慣，
也就習慣擁抱了

如果不是爺爺一昧地保持沉默，能對父親的行為進行指導和限制，我相信父親不會是現在這個樣子，不但拋家棄子，從未盡過身為父親、丈夫或任何關係角色的責任，甚至一把年紀後還是老調重彈，帶女朋友回家坐吃山空，並繼續為所欲為，三天兩頭不見人影，只留下一堆爛攤子。

爺爺在這之後，依然保持一貫的沉默風格。讓我想到以往過年時，心底都暗自期待爺爺會包一個鈔票多一些的紅包，做為一種對我的補償和安慰。原來，當時的我真正想要的，不是比其他人多幾張鈔票，而是爺爺的承認和解釋。我無法解決父親和爺爺之間的家庭問題，但父親和我之間的家庭問題，毫無疑問的，爺爺的行為是一個重要因子，也是我見不到常年隨意失蹤的父親的因素。

我在爺爺身上看見一種愛的失能。

乍看之下，爺爺似乎盡可能滿足孩子的願望，成就孩子的需要，但愛不只是去滿足孩子的想像，而是需要交流和管教。當這樣的關係有了「父親」和「孩子」的角色名稱時，該怎麼協助孩子理解自己的性格，建立與社會的連結，在爺爺和父親的身上並沒有發生，在父親和我的身上也沒有發生。

面對我的提問，爺爺像一條在海裡潛泳的鯨魚，選擇用一直以來的沉默回應我的聲音，繼續在他的身體裡吞納著自己的思緒和懊悔，或許還有期待，期待著變好的大兒子。於是，即便我有再多疑惑想詢問，有再多氣力想理解他，我們的關係還是沒能從海底浮出來換氣。

爺爺的沉默是一道無聲的牆，封閉了他的話語，也阻擋了我的聲音。爺爺不是一個壞人，但關於那些沒有說出來的話，讓他造就了一個壞人。

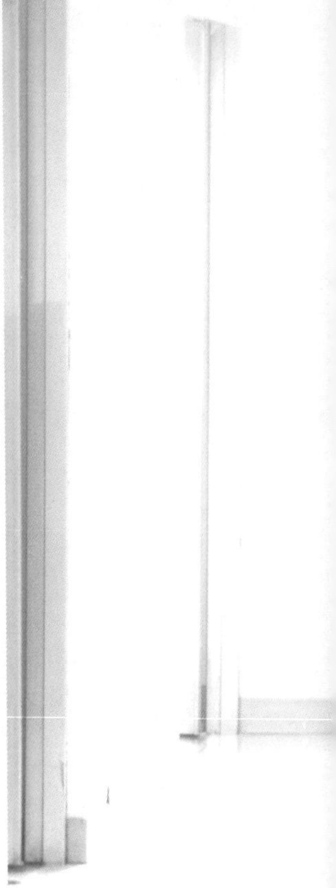

Chapter2

我跌倒，
我
也前行

才剛適應，就必須離開的避風港

十六歲時，父母失蹤、被家裡遺棄，勉強生存下來並自力更生一陣子後，我終於決定前往警察局尋求協助。

走進那道大門以前，我沒有想太多，以為自己就只是很單純地陷入生存困境，知道自己需要幫助；走進那道大門以前，我還不知道，原來那些以為能夠提供幫助的地方，即便問心無愧地據實以告，我的誠實還是會遭受到無情的審判，不是把自己的狀況說出來，就能夠被對方信任。

這些事情對當時的我來說是一大衝擊，彷彿陷入困境後，還要再面對新的困境。

更諷刺的是，「尋求幫助」這件事情竟然就是帶來新困境的原因。不過，現在回想起當時的狀況，更有能力去看見與理解，換了一個角度觀看，其實多少也能想像警察們面對我時的限制和為難。

看著眼前那個穿著超辣短褲、滿身潮流配件，光鮮亮麗的打扮，再加上一臉倔強，彷彿天塌下來也不會壓倒她的女生，就這樣大剌剌地走入警局，無所畏懼似地宣稱自己被家人拋棄、日子快要過不下去。見過許多逃家青年案例的警察們，內心大概瞬間萌生出無限條黑線，覺得我又是一個找麻煩的蹺家少女罷了。

於是我前前後後換了一個又一個警察，當我好好坐下來說著自己的故事，他們就會忍不住打斷並規勸我：「妹妹，我跟妳說，叔叔也年輕過，玩過就算了，還是趕快回家吧！」直到我不斷堅持自己真的不是在胡鬧，想盡辦法拿出各種證明，再經過爺爺證實處境的確如我所言不假。最後，這個不符合一般大眾對「被拋棄的孩子應該有的外型」的我，終於被送入勵馨基金會中途之家安置。

這成為我青春時期中，第一次感受到穩定生活、充滿力量的一年。

在中途之家的兩年裡，我第一次不用擔心下一餐或下一個落腳處會沒有著落，不需要害怕下一刻住的地方會被房東沒收，更免於總是以求生存的角度，勉強自己策略性地去看待每一段關係和每一件事情。

彷彿握著生命中第一張通往明天的車票。

第一次，我開始有餘裕可以用比較單純的眼光認識身邊的人，安心吃完一頓飯，一夜安眠到天明。

然而，臺灣的安置機構能夠提供的補助和服務雖然很好，卻礙於資源不足與法規限制，沒有辦法真正提供青年穩定的支持與改變的動機。一旦年滿十八歲，我們就必須立刻離開，即使後續仍有半年一次的追蹤訪視，但僅提供口頭關懷。

▲　憂傷，是最常陪伴我的情緒

那些來自原生環境的根本問題，繼續穿在我們的腳上。

這張通往明天的車票，似乎還來不及坐到想要抵達的地方，就因為火車頭故障、鐵軌卡榫生鏽失修，強迫我必須中途下車。

十八歲那年被強制搬離機構時，我頓時感到非常無助且憤怒。

生存，從來就不是一件容易的事。

好不容易覺得自己的生活有些規律，終於一點一點地被建立起來，卻又再次被推倒；好不容易覺得對安全感有了那麼一絲頭緒，但又再一次被拋棄。

一下子，現實的壓力措手不及間全部迎面逼來，我再度重新落入流離失所、茫然困惑的處境。離開機構幾乎等於抽離所有過去擁有的資源，就算我知道需要找到工作和找到生命的方向，但我哪來的能力平衡生活中所有的一切？哪來的自信去想像自己可以追求夢想？

我依然是上這列火車前、那個被拋棄的孩子，生存的問題繼續日日與我打著沒有盡頭的架。

這也說明為什麼許多先後離開安置機構的受虐孩童，隨後都容易再次進入暴力的婚姻關係或處境。這些受暴及受虐行為，就像是另外一個讓我們能夠再次獲得車票的機會，讓無助與茫然可以重新被機構協助，建立自己最初的規律。

這樣的循環之所以發生，正是因為根植的問題尚未被面對與處理。暴力和遺棄的陰影，不會因為獲得經濟或生活上實質的援助就能被解開。一個拳頭的重量便足以在人心晃蕩數年，更何況是那些不知道有多少拳頭、多少暴力語言和冷漠鞭笞的虐待及否定。

於是，這植下了我想要發展長期陪伴的輔導種子，目的就是希望在現有的福利體制下，建立一個能夠彌補原本體制內社工人力短缺，給予青少年心理諮商及輔導的陪伴方式，主要服務對象範圍為十六到二十五歲的青少年，尤其是那些十八歲以後，忽然在下一個瞬間被迫變成大人的青年們。

十八歲，不是人生已經開始的十八年；十八歲，是正要面對傷口已經瘀血化膿了十八年。這一次，我希望那些踏上這節車廂的生命，都可以搭好、搭滿這列前往明天的列車。

▼

生存，從來就不是件容易的事

我跌倒，

我

也前行

沒有盡頭的無光黑洞

「你是什麼時候知道自己有邊緣性人格的？」約莫大一的時候，當年我十九歲。

我選修了一堂「諮商理論與輔導」的暑假學分班，發現自己的個人特質與書中提到邊緣性人格的特徵竟然不謀而合，於是我才對自己的人格特質，為什麼和其他人比起來如此不同，有了新的認識和理解。

邊緣性人格——乍看似乎是個讓人感到可怕的詞彙。

所謂邊緣，指的是相對於社會常態來說，具有這類人格者，大多無法順利融入主流社會。可能是因為激烈的情緒變動，可能因為對大部分事情都來得更容易有被拋棄感，可能會特別執著在某些事情上而不容易改變根深柢固的想法，而這些狀況也容易導致這類人的人際關係不穩定，陷入自卑或自責的泥淖，極度憤怒或無法克制的悲傷，自己對此卻毫無控制能力。

這樣的人格極少是因為先天，大多來自後天因素，例如童年時期的精神或身體虐待、被忽視遺棄、與主要照顧人分離並破壞形塑人格獨立的過程等。

發現自己幾乎完全符合「邊緣性人格」的特質時，除了感到驚訝，同時也鬆了一口氣。

順著書裡的闡述說明，恍若是在梳理自己的人生，童年時期經歷的暴力與委屈，為後續的生命帶來的巨大暗影。原來這些對我的人生有這麼深刻的影響，原來有些時候我以為的不夠好，其實不是因為我真的是個很糟糕的人，而是經歷過的事情讓我給出這樣的結論。

當然我也有責任，但不表示我必須為所有的事情負責。

母親的拋棄不是我能負責的，父親的背棄及多情不是我能負責的，被警察當成不良少女而拒絕協助不是我能負責的，被阿姨家樓下的鄰居侵犯更不是我能負責的。我有責任好好照顧自己，這是我一直都知道的，但我沒有責任也沒有辦法改變那些人怎麼對待我，對於當時那個未經世事的我來說，尤其殘酷。

不過，既然知道這是一種人格而不是疾病，事情就好辦多了。我只需思考怎麼適應、平衡並接納自己的模樣就好，畢竟這是因應我的成長而出現的自我保護模式，讓我掙扎較多的其實是憂鬱症的問題。

各種關係中累積的傷害，以及同儕或戀愛關係裡的壓力或挫折，讓我開始出現部分失能。例如明明和對方約好碰面，我卻在出發前幾個小時忽然極度疲倦或憂慮，狀況嚴重到即使知道只要撥個電話或傳個訊息給對方，就能避免放鴿子的情況出現，可是我不管怎麼樣都沒有辦法拿起手機做這件事，一次消失可能就會好一陣子不見人。

又或者一旦痛苦到了極點，我就會做最經典的事——拿美工刀割自己的手腕，而且因為不想讓其他人發現，我還會刻意割直的，解釋時可以說是貓抓的。可是這麼爛的謊言其實一眼就能戳破，哪裡來的貓可以把傷口抓得這麼直又漂亮？

有趣的是，就算是這樣不成功的遮掩手法，看見的人依然會避免提及或詢問，一種說法是因為我們的社會尊重人的隱私，但另外一種解讀其實就是人對於問題的忽視與恐懼。

▲　原來，我有邊緣性人格

我沒有家，
但能
給孩子
一個家

第一次確診是大學畢業時，前後吃了半年左右的抗憂鬱藥，本來打算透過申請身心障礙的身分減輕生活負擔，但因為愈來愈多人濫用精神障礙的名義申請這項資源，於是政府審核的條件變得更加嚴苛，必須在同一間醫院服藥至少一年，並由醫生判定為中重度患者才行。

但我哪有這個功夫讓自己服用藥物一年，一旦開始服用，由於憂鬱劑的副作用很多，大部分都會搭配抗焦慮的藥物，因為每個人體質不同，使用怎樣的藥、劑量多少、會不會帶來更糟糕的副作用，往往還需要幾個星期的觀察與適應，直到找到真正適合患者的藥物。

而副作用除了嗜睡或不斷昏睡外，噁心、緊張、心律不整都是可能發生的狀態，找到合適的藥物往往需要至少三週，但要等到身體適應並有辦法一邊使用藥物，一邊高效率處理各項事情，即使花費數個月都不一定能取得平衡。

然而，眼前需要和想做的事情都不容許我怠惰，怕痛的我，除非真的到了極限，否則會盡量避免拿刀傷害自己。

即便精神狀態起伏巨大，容易極端低落、委靡，深陷絕望感而無法動彈，高功能的自我鞭笞與應對能力，仍讓我在病理學上被判定為重度憂鬱症的結論。

直到我接觸教會，有了宗教信仰做為穩定的支持系統，並開始第一次的夢想騎士後，路上所見到的那些家庭風景和人情溫暖，才將我從幽暗的地洞拉了出來。

踏遍不同人的家門及房間，見過不同的家庭模樣或分享夜晚、長談心事，這些和我的成長背景大多不同。

住進對方家以前，素未謀面的人們，卻願意接納一個貌似詐騙集團的我，以「想要零元單車旅行」的名義，走進他們最私密的空間，支持我挑戰這項自己都沒有多大把握的生命冒險。

這些看似最日常的交流，與最陌生的人們一起吃頓晚餐、看部電影或分享心頭點滴，對我來說，無疑讓我看見生命的另一種可能，也逐漸消融掉那些糾結在我記憶暗影裡的冰霜。

此時此刻，做為一個母親，感觸最深的是，如果那些時候有足夠的資源和知識，教育、指導我怎麼和邊緣性人格與憂鬱症共存，事實上，我認為大家都可以發展出能力和它們共存，但如果沒有相應的支持系統，這些事情就只是一種打擊和宣判，也是「我不夠好」的證據與證明。

憂鬱症曾經是讓我自卑與自殘的一個疾病，但它要告訴我的不只是「我有病」，而是一如所有事情，讓我回過頭問：「我為什麼得到這個病？這個病要說什麼？是什麼引發這個疾病？我是不是有什麼地方受傷，卻放著傷口爛在哪裡？我想不想面對這個疾病？我該怎麼面對？」

然而，那些年的歷程也讓我理解到，所有的重新出發都必須先回過頭知道自己要從哪裡出發，自己站在哪裡，正在面對什麼，否則所有行動就只是將創傷陰影複製、貼上，我們比自己想像中來得更脆弱，但如果施力得當，我們也比自己想像中來得更堅強。

我跌倒，

我

也前行

步步為營，和過去再次面對面

幾年下來，意識到自己與他人的溝通之間常常出現許多障礙，不但無法真正傳達自己想要表達的意思給對方，對方也可能因為不理解我的說話方式而不信任我說出來的話，最後不但對話失敗，彼此的關係也無法更細膩地深入建立，並逐漸對我的情緒帶來強烈的負面影響，於是我決定尋求專業人士的協助，也就是心理諮商。

我曾經換了七個諮商師，一度覺得自己是不是真的哪裡有本質上的問題，否則怎麼會一個接一個地更換，而且他們還不是我的鄰居或學校的朋友，而是受過專業訓練的諮商人員。如果連這些人都無法理解我的問題與困難，會不會真正需要解決的根本不是我遇到的那些事情，而是我就是一個災難？

曾經抱持著這些困惑好長一段時間，直到第八個諮商師對我說：
「嘿！妳真的很厲害呢！這不是淘汰了七個不適合妳的諮商師嗎？」
瞬間，我忽然發現理解這件事情的另一種眼光。
原來被淘汰掉的人不是我，當然也不是那七位諮商師，而是那段不適合的諮商關係。用在其他合適的人身上，也許才能發揮他們的能力，但因為不適用於我，即便勉強自己留在那些諮商關係裡，想要處理的癥結也不會得其所終。
第八個諮商師之所以能夠和我一起走過後來的時光，其中一個原因是她除了能夠理解我的想法外，也幫助我從其他位置觀看生命的劇情——讓我發現，從四十五或八十度角觀看自己或遭遇的事情時，我就不再是一個歪斜到彷彿是「錯誤的人」。

但那不是療癒的心靈雞湯或純粹的正向思考，而是停止用同一種既有的方式看待發生的事物，透過不同濾鏡與方向去理解和觀察。因此，更能夠真正把握到自己和外在的關係，不再重複落入創傷歷史的巨輪輾壓。

例如我的母親非常喜歡看我穿短褲，她覺得我有一雙很美的腿，短褲正好能夠突顯這個身體特質。但當我告訴母親穿上短裙，有些人會偷看我的內褲時，卻遭到她的譴責。

她說，那是因為我沒有保護好自己，這是我的錯，不是偷看裙下風光那些人的錯。這就好比有些性騷擾或性侵犯被逮捕時，供稱犯案動機是對方穿得太短、太火辣，還有一些人也會附和這種說詞，無形之中就是對受害者的二度傷害。

有些朋友決定離開我們的關係時，常常聽到的理由都是，因為他們認為我是一個對什麼事情都太認真的人，對他們來說會很有壓力。

但是，他們一開始之所以欣賞我、想成為朋友，也是基於相同的原因。

回到我的夫妻關係，也有著同樣的狀況。丈夫一開始非常欣賞願意提出想法、在許多事情上都能夠果斷決定的我，然而，一旦事情的結果不如預期，責任的歸屬有很大一部分落在我身上，或者全部都在我身上，應該調整的人就只有我。

類似的事情一再以不同模式出現在不同關係當中，如果我依然從單一觀點理解它們，很容易一不小心就陷入「是的，一切的錯誤都是我思慮不夠周全、不夠努力、不夠完美」的迴圈裡。

▲ 第八位諮商師，瓊慧

我沒有家，
但能
給孩子
一個家

可是，真的是這樣嗎？換了七個諮商師真的是因為我是一個有問題的人，所以才會發生嗎？

從另外一個角度來看，諮商的深度和強度不僅關係到諮商師的專業技術，諮商師對生命的觀察與自身經驗也會影響對話進行。不是所有諮商師都能接住每名個案的核心問題，諮商是有界限的。

只是，這個觀點很少被提及。

社會主流很容易譴責受害者或受暴者：「你會被侵犯是因為這麼晚還在外面」、「既然知道危險就不應該獨自到酒吧喝酒」、「誰叫你長得這麼性感」。於是，穿上裙子就必須搭配一條安全褲，因為避免被傷害是我的義務，但其他人的不尊重卻被無可厚非地允許。

這些錯誤地袒護加害者，以及施暴者的思維，隱晦潛藏在我們腦海中，我們都知道不應該傷害他人，卻停留在這裡，沒有進一步教育或改變這些錯誤，因為自我保護比主動出擊來得容易，於是我們才創造了一個不友善的世界。

朋友們看見我具有指出生命癥結的能力，讚賞我不畏框架面對挑戰的勇氣，一旦我們的關係更近，介入彼此的深度更深，而我依然一如始終誠懇地表達關懷及觀點。但他們還沒有準備好要處理自己的課題或主動表達他們的限制，我的誠實和高度自省變成一種過分嚴肅、不夠溫柔，即便我還是最初他們遇見的那個人。

身為工作和生活伴侶的丈夫，在各個層面都給了我莫大支持，也是我之所以能夠一路前進到此刻的重要支柱。

他看見我的特質、接納我的過去、包容我時不時就有的情緒爆炸，但當工作的發展結果不如意時，丈夫卻抽掉了自己在討論中同樣扮演著一席角色，忘記自己一開始做決策時，也有發聲的能力，瞬間我彷彿成為整件事唯一的主導者，所以我應該為這些不順遂負起大部分責任。而這些譴責的聲音都來自相同的原因，也就是那些最初他們欣賞並支持的，我的特質：說話直接明確、反省能力強、待人誠懇不造作等。

最初他們總說喜歡這樣的我，因為我是這樣的人，所以欣賞或想認識我，但一旦關係建立起來並有了更深刻的發展後，當我們之間產生衝突，這些所謂被他們喜歡的特質，卻也是被提出來遭受質疑與評論的地方。

倘若我沒有從其他的角度切入、理解這些事情，熱愛反省的我，將會無止盡地糾結在我不夠好的這個點上。而關聯到的正是童年經驗堆疊累積的暗影，就是因為我的不夠好，才會被父母拋棄，才會沒有人真的愛我。愛是有條件的，是隨時都會離開的，是一旦我不夠好就會不見的，是我需要費盡一切變成一個滿足對方的人，才可能有機會被好好對待的。

是的，不是這樣的。

當我感到脆弱時，我的脆弱被譴責；當我勇敢時，我的勇敢又被譴責，為什麼？不是因為我的不足，也不是因為我不值得被愛，而是因為我們都在學習愛。

我有自己需要和解的過去，他們也有他們的；我有自己的成長速度與限制，他們也有他們的。

▲　人生，就是要不斷向前走

我跌倒，
我
也前行

我沒有家，
但能
給孩子
一個家

我們能夠負責的對象終究只有自己，我沒有辦法為每個人的需要負責，只有他們能夠選擇要不要去看，想不想梳理或面對，決定要不要克服或除魅。

一如我自己，亦然。

這些成為我日後輔導青少年時的一個重要理念，我陪伴引導、提供建議、釐清方向與想像美好生活的樣貌，但我無法為任何人學習愛。諮商不是解藥，諮商是告訴你：「嘿！這裡可能有一帖解藥，你要不要裝一杯熱水服用它？」

吃完這帖藥後，你的人生可能還是一樣糟糕，可能解決了肝的問題，但還有腎的問題，它不能保證給你一個健康人生。是你選擇了面對人生、恢復健康、練習愛的進行曲，所以，你選擇了諮商。

我只是想要一段安全的穩定關係

對於戀愛與家庭，我們都有幻想。但親密關係正因為離自己最近，也就最容易觸碰到心底的幽暗隱微。

年輕時曾碰過一些人，對方可能看似好心地要提供流離失所、無處可歸的自己一個棲息地，而我也去了。然而，逐漸與我依賴的對方發展出親密關係，只是那樣的愛情，其實夾帶太多複雜的現實與生命背景的創傷。

例如對方可能只是想要占我便宜，或者滿足我的部分基本需求，但目的是為了發展肉體關係；而有過這樣經驗的我，對接下來遇見的人也容易先產生懷疑、預設立場，因此有了更深的防衛心態與不信任。

▲　祈禱，我能擁有一段安全的穩定關係

不懂得保護自己，使我遭受到許多不舒服的對待；不懂得珍惜自己，讓我把關係變成一種有條件的交換；不懂得面對過去與接受自己，令我複製了經驗中的情緒勒索及逃避現實。

「沒有安全感」這件事在我的親密關係中，扮演了一個相當陰暗的角色。

第一次交往的對象是國中的棒球隊隊長，在一次車禍裡，他因為手受傷無法繼續打棒球，覺得自己再也不是我認識的模樣，不理會我對這段關係的想法，以及仍然有想要努力的地方而提出分手。

隨後的幾段戀情都以類似的形式結束，例如在向我告白後適逢清明連假而無法見面，對方覺得對我的喜歡不再如往常一樣，立即提出分手。

接下去交往的對象幾乎都是校外人士。由於看了一些電影的關係，當時幾乎所有的對象都騎檔車，甚至還有開車的，讓有夢幻少女心的我立刻被套牢。不過無論有沒有檔車，我的底線就是劈腿，一旦知道對方劈腿，等於直接宣告關係結束。

大二曾有一任在一起三年的男友，不過，雖然說是三年，其實交往一年後就有名無實地分開了。當時的分開，也沒有好好談過分手。

和他是在交友網站認識，發了兩、三個月的訊息後，我們決定到公園見面。當天一打開話匣子就停不下來，像是終於找到一個什麼話都能聊的知音，從晚上七點一路聊到凌晨三、四點，最後，我們決定先回他家休息，早晨上班時再告別。

一進到他的房間，我整個人瞬間愣住，牆面上包括天花板都貼著我的照片。我怎麼可能會想得到，不過才認識短短一、兩個月，這個人竟然對我如此用心和認真。相較於過往的愛情，他的用心和深情很快就擄獲了我，於是在告別時，我們就決定要在一起。

只是對方年紀比我小一歲，當時又在準備重考，班上其他同學聽聞他的條件，都不贊成我和這個人交往。

受限於在乎同儕的眼光，依然不太有勇氣相信對方真的是一個能夠給我安定生活，並且願意珍惜我的人，我開始不斷對彼此的關係施加壓力。例如希望對方能夠更有成就、更快成長，或是給出真正愛我的證明。

然而，對方半年前才剛喪父，其實依然走在那條復原的路上。且同樣還年輕的他，面對我的各種要求與質疑，甚至情緒勒索的行徑，也不知道該怎麼做才好。最後，我們彼此都有了各自劈腿的對象，最終也沒有好好地協議分手。

回想起這段關係，常常都讓我感到可惜，而且也對對方感到抱歉。覺得當時的自己如果能夠更成熟，或許就有能力處理彼此的落差，以及珍惜對方的感情。

只是，當我在婚後想找對方好好面對當時的一些創傷時，不知道是真的忘記或想避免追溯過去，我們的各種記憶點似乎已經銜接不上。

這種不穩定的交往關係，一路伴隨著我的青春，直到回過頭面對原生家庭的扭曲，我才比較能夠看清楚自己在感情裡的各種心態和觀念，源於一路看著父母的關係。

父親雖然和母親結婚，卻在外面依然有交往對象，一個換一個；這次出了門，不知道下次什麼時候回家。所以，對我來說，除非見過對方家長，否則就不算正式的戀愛關係，只是辦家家酒的小孩兒戲。

我後來又發現，就算見過家長，有的父母竟然能夠接受孩子把外遇對象帶回家。所以，即便見過父母，也不表示對方認真看待關係。

這些探索讓我開始注意到，來自原生家庭或各種成長過程中經歷的關係，對我內心造成巨大的失落及不安全感。直到我開始劈腿，才意識到原來我在無意之間，也把自己的恐懼與對關係的失望，加諸於當時的伴侶。

父親不負責，不代表所有男人都會不負責；母親的拋棄，不代表所有人都會拋棄我；帥氣的男友劈腿，不代表所有帥氣的男人都會劈腿。面對這些創傷經驗如同「一朝被蛇咬，十年怕草繩」，一點浮光掠影都足以讓我喪失對自己與愛情的自信。

這也是為什麼我不想要只做諮商的原因。

諮商完、療癒過，然後呢？蛇依然是蛇，草繩依然是草繩，如果不能發展出新的觀點和眼界，過去的愛情與家庭樣本就是我唯一能夠理解的世界，我對幸福家庭的想像也就只會停留在破碎。

不曾體驗過一段完整陪伴關係的我，一直以來所感受到的都是離開與失去、指責和被拋棄。如果這就是我有的生命經驗，我又要從哪裡開始想像另一種幸福的可能？那些彷彿都是我聽說過、卻怎麼樣都無從觸及的遙遠劇情，和我八竿子打不著的關係。

重新相信這個世界或與人建立真正的連結是需要時間的，一旦在關係上卡住，要如何勇敢進行確認而不讓自己陷入過去受傷的記憶點，尤其是面對這項課題的重要時刻。

我需要一個典範。因此，我想要給那些青少年一個典範，一個能夠進入他們的生命，讓他們摸得到、聞得著，可以嘗試，可以擁抱，可以實踐，可以重新建構信任的起點。

▲　踏出去那一刻，就是勇敢了

我跌倒，
我
也前行

Chapter 3

出走，就能走出自己的路

從夢想騎士，看見世界的友善

二〇一〇年九月九日，我辭掉社工的工作，早上九點整，臺中市政府前，頂著來到早秋還依然炙熱的大太陽，夢想騎士出發了。

目標挑戰九十九天零元環島單車旅行，全程不使用任何貨幣，一路上所有食宿都必須藉由金錢以外的方式換取，目標是希望藉由非金錢的方式旅行，鼓勵失親的青少年們大膽作夢。

從計畫發想到逐一實行，設計商品到上街募款，籌措裝備到出發前一夜的焦慮不安，由原先以為會有一起上路的夥伴，到最後即使獨自一人，依然堅持踏上腳踏車，在尚未正式踏上旅程以前，前置作業的各種顛簸或質疑就已經讓我備感不安。

▲　挑戰前的團隊建立和共識守則

出走，就能

走出自己的路

正式踏上旅程的那一天夜裡，又立刻迎來天氣驟變、大雨直下。

這就是夢想騎士最初的模樣：有些人支持，有些人關心，但大部分人都不看好這件事，最常聽到的聲音莫過於：「妳一個女生上路很危險，不怕被騙嗎？」

但我知道，如果停在這裡止步不前，就沒有辦法對內心真正想要做的事情負責，也沒有辦法回應一直隱約蠢動、時不時就跑出來搔首的問題——在這個世界上，我們真的只有一種作夢的途徑嗎？沒有錢，就沒有資格追尋自己想要的東西嗎？

於是，我上路了。在期待未來有機會能夠帶領其他人走這趟體驗教育以前，先帶著自己去走一遭。

一路上，我用簡單的文字和影像記錄每天的相遇，有時候不得不一邊單手拿著錄影機，一邊在隨時可能都會有砂石車經過的公路上錄影，有時候直到夜深才到達能夠落腳的地方。

如同早先所預期，詢問是否能夠以勞力或其他方式換取吃飯和住宿時，無數次被直接拒絕了；但更讓我意外的是，常常在挫折到不行、以為當天吃住都沒有著落時，最後總會出現友善的人，願意供我一頓飯、一個地方過一晚，免於流落街頭，有些人甚至是在我開口前便主動給予幫助。

最後，總計住過七十八個陌生人的家，交換過超過二百個故事與心事。我四肢健全，連人帶頭沒有被拖到暗巷，也沒有被綁架，遠比想像中收穫更多，飽滿地完成這趟零元旅行。

▲ 我們的便車——推土機

我沒有家，
但能
給孩子
一個家

▲　十五張車票，十五個人，一起完成了交換

出走，
就能
走出
自己的路

透過沿途遇見的溫暖風景，我的心被療癒了。身為諮商師，過去接住生命的方式便是聆聽他們、提出建議，以及協助連結資源，但主要的工作仍然是為出發點相較弱勢的孩子尋找實際金援，一旦他們成年，離開收容所或安置機構，獨自面對這個巨大的社會時，要面對的一切又是完全不同的另外一件事。

我親身經驗過這些，很明白那會是怎麼樣荒蕪湍急又令人徬徨的景象。

走出這些保護結構，那棟能夠給我一份穩定薪水的高樓，是一次翻轉人生的挑戰。到底其他人的家是什麼模樣？到底那些平常接觸不到的都是怎麼樣的人？沒有正常家庭背景，也沒辦法想像自己一躍而上。觸及所謂不屬於自己世界夢想的我，是否也有資格像其他人一樣充滿幻想？抑或我終將複製父母的人生，永遠活在自己不比他人好的自卑陰影，不斷掙扎，沒有機會擁有一份欣喜且滿足的生活？

我知道，如果不打破腦袋裡的藩籬，我將一輩子被隔離在「弱勢」或「異常」的標籤之中。即便穿著體面、談吐自若，內心依然充滿恐懼的風暴。太過清楚自己與他人的不同之處，阻隔了我與他人真實接軌的可能，光要處理童年的滿目瘡痍就已經很不容易，更何況要對著可能完全無法理解或背景相異的人揭露自我。

零元旅行、不能花任何一毛錢，因為我不要金錢擋在我與人之間；我不要拿了麵、付了帳就離開；我不要搭了車、刷了卡就下車；我不要租了房子、簽了合約就轉身整理行李。我想要認識這個世界，認識那些每天上下班經過我身邊的人，認識那些看似完全不同、但依然共存在同一個社會的其他生命。

▲　經過高雄時，為氣爆受災戶加油打氣

◀　請不要吝嗇您的幫助

我沒有家，
但能
給孩子
一個家

這才是夢想騎士最初的起點：對他人的好奇心，對自己的檢視，以及對世界的告白。

當中，最令我驚訝的是，我以為這是一趟必須好好保護自己、不讓自己受傷的旅行，卻被那些最意想不到的人們一路幫助著。

我們都習慣面對複雜的情況或使人失望的情境，習慣看見人為了保護自己或自私而製造傷害，然而當我踏入一間又一間的房子、吃過一頓又一頓的飯、安心睡過一個又一個地方、與一個又一個人真心給予關懷和鼓勵，這些陌生人的真誠和善意一次又一次承接住我的明天。

旅程結束，我帶著剪輯完成的紀錄片，寄到全國一百多間育幼院，也展開了巡迴。但我不是去演講，是去讓孩子們看見——我回來了。零元旅行沒有壓倒任何人，任何一件你可以想像的事情，都可能發生。

在前行的這條路上，陌生人不是我的敵人，社會也不是。

透過抽離開原本熟悉的資源運作方式，脫離舒適圈，摘除各種競爭比較，赤身裸體面對未知，彼此更容易看見對方的內心。回歸到最簡單的本質，僅是以「人」這個身分與他人互動。我們沒有舒適的空間可以藏匿，沒有資本主義的工作系統可以入宿，沒有熟悉已久的團體或關係可以取暖，也沒有消費或電視可以用來逃避。

我一直在移動，一直在面對自己，一直在接觸未知。世界就在我的眼前，我暫時放棄所有遮蔽，迎面向它走去。

夢想騎士的出發，就這麼一路走了下去。

▲　夢想騎士，就這麼一路走下去

血緣之外，愛依然在

與義父的相遇，是在準備出走西藏的二〇一三年。當時，我稱呼他為葉伯伯。

一開始遇見葉伯伯，其實是經營魚麗書店的老闆紋雯姊介紹的。她知道我們這趟準備出走西藏的旅程，擔心我們還不夠成熟且經驗不足，面對這樣一趟可能會遭逢的突發狀況與危險會應付不來，因此，她將帶冒險體驗教育多年、又有資深爬山經驗的葉伯伯介紹給我，想讓他以專業角度勸阻這趟太過瘋狂的計畫。

出發前，我把遺囑預立好了，當時的伴侶、也就是現在的老公會共同前行。

▲　帶領學員擁抱陌生人，表達感謝的心意

沒有孩子在身，也沒有家人的羈絆，想著就這樣毫無牽掛地死在路上也滿不錯的。當然，這是極蠢的浪漫想像。

葉伯伯聽完我們整趟行程的核心概念與準備計畫後，他輕柔但口氣堅定地問了我們一個問題——「如果在過程中，你或參與的學生遇到危險，或者發生意外死了，你們可以接受嗎？」面對這樣一個血肉淋漓的風險，是的，我們確實有可能發生這樣的意外，但當然一定會盡量避免，並盡可能確保安全的心情上路。

做好了最糟糕的打算，就知道可以先準備到什麼程度。但我們必須去，一如第一次踏上夢想騎士的道路時，風險是有的、擔心是有的、害怕是有的，但也只能在有限的範圍裡盡全力做好準備，許多事情如果要等到完全做好準備，可能根本不會有出發的一天，因為，我們永遠都可以無止盡地發覺自己的不足並繼續準備下去。

聽完我們一席話，知道我們不是在不曉得風險的天真狀態下決定出發，並且也盡其所能做準備，換句話說，我們不是完全不自量力地進行挑戰，而是設定了一個看起來雖然有點夢幻的目標，卻踏實、有覺悟地建構到達的途徑與方法，深知這項計畫會有的風險及可能為社會帶來的價值與意義。

葉伯伯變成大力支持我們這趟出走的人，與我們分享大量登山知識、體驗教育經驗，並為活動背書，成為極重要的後盾。後來，協會成立，他也繼續協助我們，當了無薪顧問。

我一直覺得，用夢想騎士這個品牌做長期陪伴是一件滿奇怪的事，畢竟核心概念還是不太一樣。

前者是眼界的挑戰和自我的蛻變，後者則更注重在關係經營及生

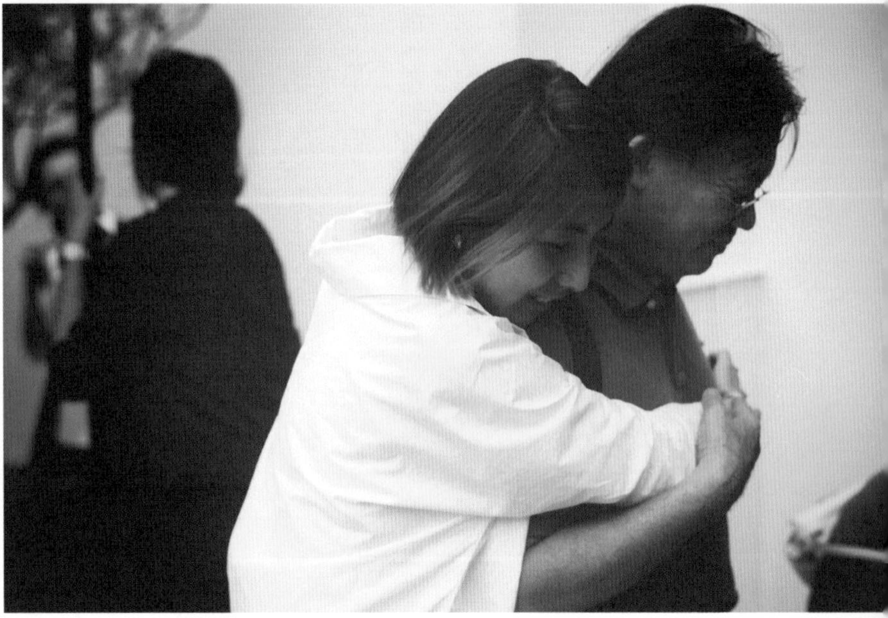

▲　沒有血緣的父親，葉爸爸

我沒有家，
但能
給孩子
一個家

命成長，二者需要的時間深度與長度不同，施加力道的方式也完全不一樣，於是發展出 I-LIFE 這個協會，組織兩項不同軸心的服務。

經驗豐富的葉伯伯，一路看著我的大膽衝撞，時不時就有一些異想天開或駭人聽聞的「創意」，卻從來沒有阻止過，而是以實際切入點提出執行面是否可行，提醒著切勿忘記胼手胝足建立出來的優勢，包容和溫暖地引導著。近兩年更深刻體悟到，很多工作執行面可能遇上的挑戰或困境，葉伯伯其實都不會當場點破。他總是以默默守候的態度，在各種事情上幫我背書，一手環抱出空間讓我嘗試，一手補足我可能需要的鼓勵和安慰。

例如一開始協會成立時，藉由大量開課，不斷努力賺取收入，試圖穩定人事，但高頻率密集帶完課程後，往往就不太有力氣再做長期陪伴。

和葉伯伯商討後，決定專注於長期陪伴，出走課程在餘力時執行。

回想起來，如果不是從他身上看見一個人原來是可以這樣寬宥、睿智地守護著我，我大概很難在進行長期陪伴、看見個案固執地僵持在癥結點時，長出寬心和放手輔助個案的品質。

說話直接、態度堅定、方向明確，經常是過去幾年我給其他人的基本印象。面對這樣的我，許多人常會把我的「建議」理解成「指令」。

和葉伯伯這樣不同特質的長輩相處，使我注意到自己給人的形象，讓我逐漸轉化態度，能夠以比較溫和的耐性，等待個案從迷失或抗拒面對的情境中，找到自己的答案；同時，也要注意不讓對方覺得選擇權不在自己手上，因為我只是將手中的飼料撒下，要不要吃，是他們的主動選擇。

除了工作上的各種組織建議、策略方針與資源連結外，我與葉伯伯也開始有了更多私底下的連結，就在這時，我便稱呼他為「葉爸爸」。

在我和老公的關係裡，葉爸爸是我最後決定踏入婚姻的重要關鍵點之一。

丈夫出生在小康的公務員家庭，有一個哥哥，父母的生長背景都很單純。面對像我這種成長歷程複雜、父母又不知道去哪的外來女子，他們難免會有「是不是要誘拐兒子或騙取家產」的猜疑。

在這種情境結構中，若有一個具正當行業、身分背景的人出來為我說話，絕對會是一粒強而有力的定心丸。還記得到臺東見公婆那天，是葉爸爸陪著我；直到婚禮那天，他依然沒有放開我的手，代替父親的缺席，牽著我走到了丈夫身邊。

我們不是很常見面，大概三到四個月一次，也沒有實際上與葉爸爸正式討論過認他為義父這件事情。

二〇一三年認識後，葉爸爸會在過年時邀請我和丈夫到他家一起吃飯。也就是從那時開始，每一年的過年聚餐，就成為我的固定行程；漸漸的，母親節和中秋節也會接到他的邀請電話。從加入他的家庭與大家一起共餐，我漸漸認識了他的家人，也看見他雖未明說，但對我的真誠關懷與重視。

一直到二〇一八年，我終於鼓起勇氣問他：「如果我不是一個這麼努力的人，你還會接納我嗎？」葉爸爸只是傾身給了我一個深深的擁抱，說了聲：「傻瓜。」

他到底在表達什麼，是認同還是別有其意，我只能自己腦補了。

▲　出走時，看見有需要的人，
我們給予擁抱和分享食物

不過，就像我們不會連著姓氏一起叫自己的爸爸一樣，一旦確定義父不再只是一個冠上姓氏的爸爸，我開始主動寫一個像是週記的彙報給他，大約每兩週一次，與他分享心情、生活、工作或所思所想等一些自己的近況，或是對於我們關係的想法。

家家有本難念的經，我和丈夫同樣也是如此。當丈夫與我的好朋友走得太近時，心裡總有許多說不出來的不解和猜測；當丈夫在我產後立即工作，未能給予足夠的陪伴，心裡有滿腹的難過委屈和指責，但葉爸爸是那個為我的無聲發聲、疏通負面情緒的人。這是我第一次感受到，原來所謂「有人罩著」是這樣的感覺。

不是療癒，也不是帶領我進行反思，我彷彿瞬間變成一個七歲小女孩，向爸爸抱怨誰誰誰搶了我的東西，接著爸爸就帶著我去找對方理論一樣。不只是被照顧，更像是一種義氣相挺，但不是來自好兄弟，而是有種「有父親站在我這一國、可以撒嬌」的感覺。

這是我從沒有過的經驗。

原來，我可以不用一直保持理性，不用一直為了努力平衡情緒，總是瞻前顧後、考量環境、體貼入微；原來，我可以有生氣說出「我累了，我就是不喜歡這樣」的時候。我可以不要努力，只是單純地讓情緒好好宣洩出來，大聲說出：「我才不想因為誤會失去愛人和好朋友！」

我終於有機會只是單純地吐出指責，而且知道沒有關係，我是可以有權利在被傷害後求償的。

這個沒有血緣的爸爸進入我的生命，與我建立起關係這件事，對我或此刻正在發展的長陪計畫，都具有重要且特別的影響。

因為，我有時候真的需要知道自己不是一個人在面對課題。一個人的確可以做很多事，但理解到世界上有另一個人會陪伴前行，這一路可以怎麼走、要走去哪裡，就能夠有更多色彩和歡笑。

每當我想放棄時，就會想起他說的：「這群孩子真的很需要長期陪伴，還有專業輔導。很多人想做，但沒能做好，妳要繼續做下去。」

長期陪伴希望的不是陪青年自立生活後就放生他們繼續獨自面對生命，而是渴望真正陪伴、療癒他們心底的傷，與他們一起走出幽谷，看見繽紛的可能，感覺到自我存在的簡單喜悅。

我曾經以為生活就是求生，現在我明白了——

生活可以不必是求來的，生活的豐盛就是生活的本身。

▲ 與葉爸爸全家

打破疆界，創造冒險教育的可能

獨自零元環島旅行結束後，我決定開始帶著其他人一起上路，將自己的經驗分享出去，引導更多沒有資源或想自我探索的青少年，一起用不同方式重新理解生命。

探索自我是一件極其重要又極其危險的事情，因為不能按表操課，也沒有種瓜得瓜、種豆得豆，你栽的是沒有形體的東西，很難確保自己此刻位置在哪裡、成長多少。

小學時，我們都上過品格教育，但課本是白紙黑字，環境不是。在人流的叢林、都市的蒼茫中，我們帶著各自的背景、聲音及觀點，從來都沒辦法像填鴨式考試般，寫入一個答案就得到絕對分數。

這是生命極其有趣又讓人極為困惑的地方，尤其在臺灣教育環境之下，「遵守規則」、「合群聽話」、「競爭比較」等價值觀與「生存」一再被放入同一個系統內，我們鼓勵人用安全的方式進入社會，人與人之間的特殊性及差異性則被粗暴地視為某種「需要被矯正」的特質。

我們要求每個人的出產都要符合已經規定的品質與規格，但我們不問差異為什麼存在。

也因為如此，所謂理想其實都建構在某種定型化基礎，所謂夢想都像超市裡同樣產品、不同廠商的罐頭，看似很多選擇、全權由你決定，其實內容大同小異，根本就沒有辦法自由地按照自己的個性或天賦發展。

若想要做到這件事，我認為「認識自己並突破自我」是關鍵核心。

結合過去所學的心理、社工、教育專業背景，以不介入的方式循序漸進地耐心陪伴，引導他們去面對一路上可能會遭遇的徬徨及自我撞擊。

引導學員面對未知、發覺自我優勢及潛能是出走課程期待達到的目標。藉由離開熟識的環境，放棄手中握有的籌碼，以「人」出發面對另外一個人時，我們就無法依賴已知，必須面對「自己對世界的想像」和「自己為什麼這樣想像」。

有些人參與出走課程時會以為這趟旅程一定很艱困，畢竟我們人數這麼多，怎麼可能輕易找到便車或住宿的地方；也有少數人覺得這也沒什麼，就是不花錢出去旅行，反正這麼多人，不用太擔心，真的碰到問題，大不了再回到城市就好。

▲ 出走到波蘭學校演講

出走，就能

走出自己的路

課程進行時，禁止使用金錢和手機，挑戰換餐和換宿並抵達目的地，引導學員在一無所有中，看見擁有。

「出走課程」顧名思義就是要邀請你走出舒適圈，走出去了，原先周身的一切都可以甩開，唯一沒辦法擺脫的就是你自己。透過與陌生人交換拓展視野，並因應不同學員的學習目標指派個人作業，學習挫折忍受力、觀察與同理力、自我表達力、問題解決力和團隊共識力等五種軟實力。

事實上，無論碰到的是順利或顛簸的情況，我在引導青年們時，重點都不在怎麼解決當日的食宿。填飽肚子或有屋簷可歇息當然很重要，可是更重要的是這一路當中，他們怎麼彼此合作、怎麼與陌生人對話、怎麼理解自己的情緒及限制。

願意真誠地看見自己，才能真誠地與他人交流，想像自己內心渴望的夢。

一名學員出走西藏回來後分享到：過去他一直都是容易怯場、內外充滿不一致又非常倔強的人。這樣的他遇見困難時，一來既不容易向外求助，同時又會像本能般地勉強自己假裝若無其事，到了最後，往往自己整個內爆，無法與親近的人好好溝通。

我們被教導不能犯錯，要努力達到完美，要成為一個更好的人，忽視了在成為更好的人以前，在還不是自己覺得的更好的人以前，有一個也許還不夠好、但願意嘗試的心，就已經值得被珍惜。

前往西藏的三十天路程，共同在異鄉面對異者，沒有背包客棧可以落腳，沒有熟悉的口味可以果腹，一群從臺灣過去的人，站在路邊

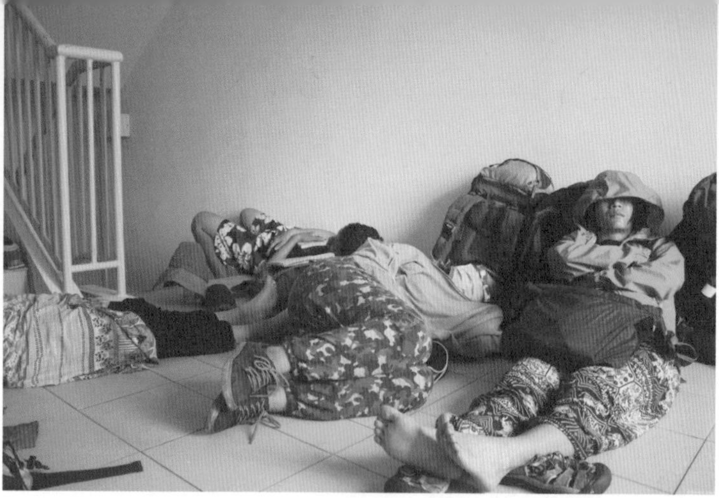

▲ 出走，在新加坡的停車場過夜　▼ 捐贈家具，陪青年組裝

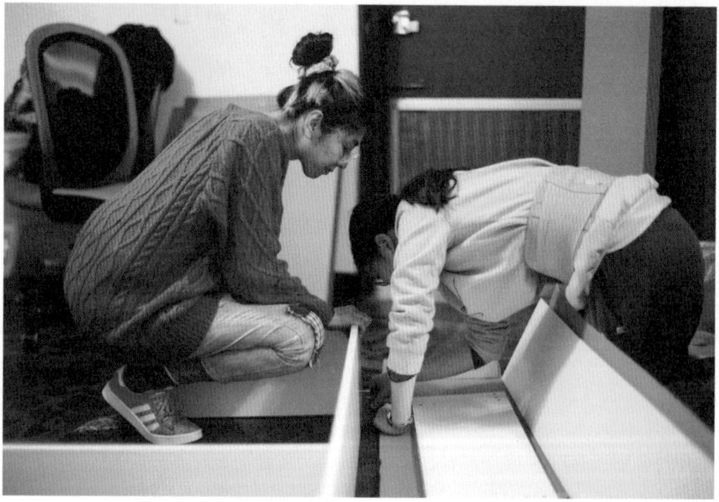

好幾個小時攔著便車。有時累到忍不住想哭，有時生氣到轉身跑過好幾座田，但回過頭來，後面好幾個同伴不知道跟隨多久、一路追著自己跨過數個柵欄；抬起頭，眼前的人正注視著自己，專心聆聽。

脆弱或自責、難過或憤怒，當每一種情緒都被允許好好地訴說、被理解，背後的理由與心思能夠被看見且承接，我們就會發現，這種看起來可怕到不行的自我揭露或痛楚，原來就是自己正在變得更好的契機點。

只是在沒有人提醒或肯定自己的情況下，根據過去的經驗，往往我們會很容易以為那是自己有多差強人意的證據。

中途也會發生夥伴想離開、意見不合、爭執、誤解彼此，甚至嚴重意外到必須緊急送醫，最後因挫折感太重被壓力吞沒、生命被觸發議題而情緒崩潰或爆發激烈衝突等，但不斷重建對彼此的信任感並堅持團隊共行，一直都是我所堅持的信念。

有些人會說我們是一群「浪漫的夢想家」，事實上，我會說我們是「高風險成長團體」。

除了比較大型的出走，我們在臺灣境內也辦了五十多場二至三天的短期出走，希望無法加入長時間高強度體驗教育但有興趣的青年們，也能有機會出走一次。

一年又一年的累積，從臺灣本島到外島，語言從熟悉到全然陌生，文化從相似到完全相反，從一人獨行到結伴行動，從備受質疑到獲得支持……想做的事情和期待達到的目標始終沒有改變，周遭觀眾的聲音卻開始有了不同。

進行的方式會請大家在第一天報到時，先寫出對課程的期待和自己的期許，明確告知團隊價值，確保每個人都能在心理狀態達到一定程度的共識後才開啟旅程。

朝目的地移動的路上，帶領、陪伴、鼓勵學員們面對挑戰和反思，透過探索新的事物加強自我覺察、提升表達能力，並在睡前坐在一起談心，分析並揭示一路上可能沒有注意到的情緒表現、行為反應與內在的關聯性，創造出開放的傾吐空間，透過這一流串的過程，讓真誠交流與對話的可能實現。

一旦出走課程結束，有了開門的經驗，就擁有更多敞開自我的可能性，也能在這樣的可能性中，繼續在生活中建立正向的互動經驗。

▲ 出走至馬來西亞，居住印度人家

我沒有家，
但能
給孩子
一個家

我們也提供蓋瑞．巧門的「愛之語」，讓學員在交換過程中，思考願意交換的人所需要的愛的方式，給予肯定的言語、服務的行動、精心的時刻、用心的禮物或身體的接觸。

某一次出走，有一名學員在結束後分享：夜裡的交心時間讓他印象深刻，握著手好好反思白天的出走時，他哭了許久，他注意到那似乎是自己第一次面對心裡深沉的恐懼，也是第一次被這樣正面接著自己的同時，坦承不太有勇氣面對的怯弱。

另外一名學員則提到：路上被拒絕時，要分辨出「被拒絕不代表自我被否定」是件不容易的事，一旦知道可能會被拒絕就會卻步，要怎麼放下這種情緒再度嘗試，並以不同觀點重新理解「被拒絕」這件事，對他來說成為一個嶄新的課題。

睡前的分享時光可以提供專業的輔導和心理劇，陪伴需要的成員更多探索內心被困住的結或尚未癒合的傷。聽著大家的分享，我也不斷思考自己應該怎麼做，才能讓他們面對舒適圈外的挑戰時，理解到所有事情之所以有機會發生，是因為他們有意願去面對，而這樣的意願是很可貴的。

因此，即便發生超乎想像或感受不好的事，也不要輕視自己內心的強韌和勇氣，此刻的挫敗並不是生命的全部。

更重要的是，如果沒有打開視野，便不會發現這些本來就卡在身上的問題，但它們仍然會以不同形式持續在我們的工作、關係、生涯規劃，甚至是自我價值的認同與生命中發生。重建參與者對人的信任感，創造互助的經驗並延續在日常生活中。開創生命可能性的過程或許充滿尖刺、荊棘、坑洞或落石，但誰告訴我們障礙必定是阻礙、瓶頸，等同於退步、挫折，意味著否定呢？化落石為果實、化荊棘為玫瑰、化坑洞為月光的能力，就等待我們發掘、轉化。

▲　會談結束時，與青年擁抱告別

不只陪你走一下，是要陪你走過這一段

目前臺灣的社會福利政策，提供與支持的對象，主要都是未成年又處於脆弱環境的兒童或青少年，一旦這些孩子年滿十八歲，原先的福利資源就會被迅速抽離。

從社會的角度來看，一個成年人獨立為自己的生活負起責任，這件事顯得理所當然；然而，若從人本的角度出發，這些有著破碎家庭背景與環境的孩子，取得過去所沒有的幫助後，他們對生命的困惑與根植心中的問題就真的解決了嗎？他們學會辨認什麼是魚後，就會分辨可食用與不可食用的魚嗎？就懂吃魚時要挑出魚刺嗎？甚至學會怎麼釣魚嗎？

▲ 不只陪你走一下，是要陪你走過這一段

出走，
就能
走出
自己的路

從一個有協助、關懷者的安置機構回到社會的巨流，就算是來自健全家庭的高中生，可能都會感到無所適從。

這些背上沾染無數陰影與傷痕的青年們，如果沒有足夠的支持系統，來引導他們一步一步面對、與世界重新相遇，可能會產生不適、失落、徬徨與無助，過去所遭遇的困境便容易再次被勾起與發生。

那些來自童年經驗、原生家庭、成長背景下所認識的自己，以及形塑的負向觀念與根植在心頭的恐懼，儘管社會福利政策的確能給予他們一部分基本需求上的幫助及支持，但生存不同於生活，一個人要能夠修復和突破自己、發展出個人志趣，並對生命產生熱情和想像，光是給他一份工作、一筆錢或培養幾樣專長都不夠。

要建立一份真正讓自己感到快樂、有價值與意義的生活，我們的心需要各種營養去滋養，需要持續透過對話來理解癥結，需要拿出勇氣面對過往的創傷。

離開安置機構那年，我離開的不單單只是一個機構或一個處所，而是一個我曾經第一次體驗安定生活的可能，一個還算安全的遮雨棚。但社會不是安置機構，沒有了機構的支持，這個出生與大多數人不太一樣的我，該怎麼融入這些人？該怎麼為我的生命找到一個答案？該怎麼相信我沒有比其他人更低或更差？我也可以有盡情作夢的權利嗎？可以有不畏懼失敗或重新落入過往陰影的勇氣嗎？

這好比有人將一條道路上的破損之處剷平，鋪上一些磚石後告訴我：「妳看，有一條妳可以走的路了。」

如今，我眼前雖然有一條道路，但經過風吹雨淋，上面的磚石會破損，原先充滿裂痕的地面和繼續叢生的雜草會再度顯露，光是走路就已經讓我充滿迷惘，又該如何修復地面？

長期陪伴想做的就是引路人的工作。

我們想帶青年用自己的全身體驗一條路，理解路的結構、形狀與長度。明白一條路不是只能用走的，只要你想，也可以在上面後滾翻或跳舞，甚至把路變成一座城堡或一方水塘，若那是你的心之嚮往，就可以大膽、自由地創造。

舉例來說，「染髮」這件事對許多青少年來說，無疑是某種奢侈，即便想嘗試，也常因為不夠自信而不敢選擇真正喜歡的顏色。而「染髮」牽涉到的不只是改變頭髮的顏色，怎麼選擇染劑、適合的髮色，以及好好照顧染後的頭髮，其實都是一種對外表的打理。

▲ 協助青年與髮型師進行髮型改造與溝通

◀ 提供青年髮型改造服務，藉由外型改造提升自信心打理外表並不膚淺，與追求流行不同，這是正視自己的模樣、建立自信並從中主動建立與社會關係的開始。

皮相是一個最表層的東西，但在自我表達或面對外界眼光時，同時也是首先會被接觸到的；這不完全代表一個人的性格或特質，但的確可以呈現一個人的氣質與狀態；這是我們認識一個人的大門，花時間整理大門，不代表我們不重視門內的事物。

因此，在長期陪伴的輔導過程中，我會帶著青年進行外型大改造。帶他們體驗從來都沒有想像過的「照顧」。與設計師討論適合的髮型，使用較不傷害地球和身體的染劑，並在過程中全程陪伴，引導他們面對自我形象或自卑的問題癥結，一點一點建立起對自己外表的掌握權和內在自信。

每年提供的各種課程，會讓青年挑選感興趣的項目，從繪畫創作到編織縫紉，從戶外極限運動到健身養生，希望藉此讓他們體驗不同領域、探索發展其他層面的興趣。生活不只是求生，生命不只是承受，擺脫這些困境與觀念，最直接的方式就是經驗與感受。就像要讓從來沒有吃過西班牙海鮮燉飯的人知道口味，最明確的方式就是帶他去吃。

透過這樣的方式，青年才有機會發現，無論是滷肉飯、關東煮、白斬雞或海鮮燉飯，都是一種選擇，即便燉飯的價格比滷肉飯高，不代表燉飯一定比滷肉飯更好、更必須去追求。

高價格常常會導致我們產生高價值的迷思，因為負擔不起燉飯，所以覺得它比較高級、更有價值。但自己真的喜歡燉飯嗎？比起滷肉飯，自己真的更欣賞燉飯嗎？滷肉飯真的比燉飯差嗎？有沒有可能比起燉飯與滷肉飯，反而傾向到市場買菜、做一些質樸簡單的料理？

▼ 出走，前往大溪

▼ 出走，在花蓮掃街

▶ 出走，前往阿里山

我沒有家，
但能
給孩子
一個家

◀　出走，也可以說故事給親子聽，換得美味的午餐

這些貌似平凡無奇的策略，正是長期陪伴的出發點。最簡單，卻也最有滋味、最接近生活核心——面對內心的風景，長出欣賞風景的不同眼光，於是有了改變風景的動力。

K桑小時候被父親家暴，最終變成單親家庭的成員，人生幾乎可以說是完全為了母親的期待而活。他不想為自己的人生做決定，所以乾脆盡力把眼前該做的事都做到百分之百，這樣其他人既沒有話說，自己也不需要思考其他可能性。身為學生，反正大家都覺得應該好好念書，那麼只要把這件事做到最好，就不會有其他人發現他心底的掙扎與痛苦。

那些所謂的其他人，也包括他自己。

進入大學那年，這種單線應對生命的方式再也不管用，從自我懷疑到放棄，一度嚴重到要被退學。就在這個時候，長期陪伴進入他生命中所做的第一件事情，就是引導他面對與母親之間的關係，詢問自己「做什麼事可以真正感到開心」？

於是，就讀商科的他決定轉到社工系。這個選項一度讓母親非常難過，擔心兒子會因此薪資減少，造成生活困頓。同時，他也開始建立自己的社交圈，參加社團活動，結束過去「念書—回家」的封閉生活。面對從前看似一帆風順、念書至上、乖乖回家的生活，K桑第一次意識到，此刻的他，終於第一次主動出擊，為自己做了真正想要的決定。

為自己，而不是為其他人。

◀　出走，馬來西亞到吉隆坡挑戰成功

我沒有家，
但能
給孩子
一個家

▼ 除了超大貨車，我們也搭過船

◀ 出走，前往西藏的合照

出走，
就能

走出
自己的路

K桑說：「長陪的過程中，我發現過去其實一直很壓抑自己的感受，不斷把自己逼到極限，試圖照顧身邊的所有人，卻同時把大家推得很遠，最後再面臨崩盤爆炸、完全不知所措。但那樣的我其實一點也不穩定，根本沒辦法真正好好照顧我想照顧的人。如果要做到這件事情，我必須知道該怎麼照顧好自己，一個看似最簡單的道理，卻總是被忽略。」

無論是明顯來自經濟弱勢、高風險家庭、缺乏支持系統、邊緣環境的青年，或是外在看不出脆弱、機能貌似正常的孩子，社會上許多族群面臨的困境往往屬於複合式，多面相重疊的風險與問題並非一朝一夕，也不是一個坑、一個洞能夠立刻補上和處理。

出走課程之後，看見脆弱處境青年的需求，遂而發展、成立I-LIFE國際行動協會。

專注陪伴這些十六到二十五歲、身在脆弱處境的青少年，建立兒少福利的最後一哩路，讓他們能夠擁有被好好陪伴和並肩走完一段路程的經驗。

Chapter 4

為喜歡的生活，成為喜歡的自己

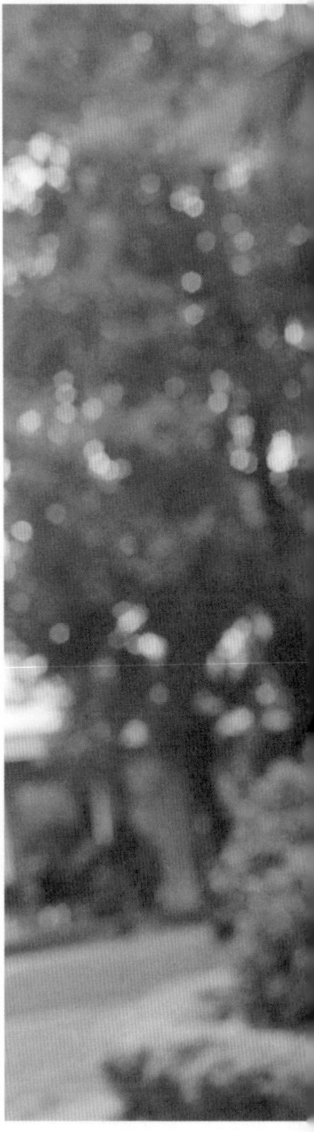

冬去春來的枕邊燈塔

二十九歲那年，我和現在的老公結婚了。

老公的模樣，和我年輕時設定的擇偶類型截然不同。抱著少女情懷及生存艱難的心態，我總覺得自己的另外一半就是要身材高䠷、家裡有錢、長相帥氣，「高富帥」就是基本條件，其他都是額外加分。

在這三項條件裡，老公只符合一項——長相帥氣。但他卻牽著我的手，紮實地伴我建立一個家，一個真正有愛的家。

一個在高富帥期待表象的背後，其實我真正一直都想要，但既不敢要、不知道怎麼要，甚至沒有想過自己能夠擁有的卻是——

信任與愛的歸屬。

年輕時一直幻想著未來的婚姻，會是在國外譜出一段異國戀曲，激出轟轟烈烈的火花後步入婚姻，最後竟然是在教會遇到現在的老公。想起來還是覺得很不可思議，這種平凡普通的劇情，怎麼會發生在出生背景極其複雜的自己身上。

和我相比起來，老公是個對很多事情都有安全感的人。對我來說，必須在每一件事情上的每一刻都很努力，才會覺得自己是可能被愛的，甚至也不一定真的會被愛，只是有可能。

而一旦我不夠努力，這些可能存在的愛就會離開或消失。

但老公卻不這麼想。

遇見他以後，我不斷感受到「我的存在，本身就是有價值的」，而不是因為我很努力，或是有所成就才值得被愛。

渴望從工作中建立自我價值的我，每當有人求助時，總會成為我優先處理的順位，其餘事情都排在這之後，希望能在第一時間就回應個案的需求。然而老公所給予、這種最樸實而親密的陪伴，使我自沉重的生命歷程與生存恐懼中，驚覺發現「自我的價值竟然可以來自自己本身」。

面對著人與人之間的愛竟然能夠以這種方式共處，衝擊著擁有許多非理性信念的我。

由於我對工作擁有高度熱情，老公始終是那個一直在身邊支持我的人。

▲　我和我的老公——楊仁銘

為喜歡的生活，成為喜歡的自己

同樣在大學就讀社工系的他，帶著喜愛的攝影，加入到我們相遇時正在發展中的「夢想騎士」。

從備課、帶課、演講、募款和各種行政雜務，到深度陪伴青年，他不僅選擇站在我身邊打氣，更看見了我眼睛所朝向的所在——助人工作的價值。以一顆真誠、關懷及正面肯定的心，跳進來做為我強大的戰友。

然而，當伴侶、室友和同事三者化為一體時，很難避免無法分割在不同狀態下所產生的情緒。例如：如何不把工作時的挫折帶回家裡分享？或者如何將生活中的摩擦和工作上的爭執相隔開來？如何在工作與生活之外建立專屬彼此的精心時光……這些種種成為我和老公不斷練習的課題。

我們答應彼此，無論一天如何的忙碌、事情如何的複雜、生活如何的充滿挑戰，我們都必須騰出至少十分鐘，放下手機、離開工作，專心讚美彼此或擁抱。

十分鐘看起來似乎只是一天的零碎片刻，但在生活的洪流之中，尤其是各種意想不到的突發狀況、無法一時緩解的工作壓力、平衡外部挫折及內在反省的獨處需求，都會是維持這十分鐘的阻礙因子。

許多時候，當人處在急切渴望完成或處理某些事情的心流中，便容易忽略抽身而出，正視並善待親密關係的重要性。

每一天都是生命的積累，沒有過去的糾結，即便看似微小，聚沙成塔足以建牆。

同時，人最容易忽視的，往往都是生命裡那些最親密、日常的存在。朝夕相處，無論我們想或不想，很多事情都會發展成彼此的習慣；如果不主動去警覺意識、溫柔提醒，不小心就容易傷害到自己所愛的人，落入視付出為理所當然的怨懟。

於是，刻意安排休假，純粹和老公一起待在家裡，享受彼此的陪伴，便是我所珍惜的日常。

看似平凡無奇，但因為兩人都放了真誠的用心與相連的意願，所以，無論做什麼都覺得驚奇。看似平凡無奇，但因為知道這樣的平凡無奇有多不容易，平凡的光芒不像刺人的光線射入你的眼睛，而是當你每日睜開雙眼時，從窗戶照進來的那道自然、溫暖的光。看似平凡無奇，但因為了解相互接納和扶持的珍貴與重要，經常表達感謝和擁抱，無聲滋養著流淌的歲月，安靜哺育著愛的壯碩成長。

▼　若希望其他人信任自己，首先我們要先能夠信任他人

與老公攜手建立起來的這份再日常不過的幸福，也因為曾經歷練過複雜，讓我更理解了簡單之強大。

在我們的愛情中，習慣成為照顧者的我，如今也因為被用心地珍惜、細心地關懷，所以開始學習感受被照顧，與此同時，讓我擁有更多的理解信任、包容與負責，很多時候也表示允許讓對方更靠近自己的內心。而在這種關係中，如何設立界線保護彼此，便會成為雙方共同的課題。

回到工作上，丈夫的愛和我們關係的建立讓我明白，面對個案時，我可以做的不僅是陪伴他們建立新的生活樣貌、處理過去遇見的創傷，也引導個案學習信任他人，允許生命一直很辛苦的自己，可以適時依賴、建立需要的支持系統、在脆弱時尋求協助，不讓自己陷入自憐自卑的處境中。

自我培力或克服困難，這些看起來積極的行動都很重要，但讓自己柔軟並看見身邊有人願意幫助自己，也同樣重要。

若希望其他人信任自己，首先我們也要能夠信任他人。

而要如何在這個充滿質疑、誤解與困惑的社會網絡裡，好好觸摸著彼此的心，真誠對話，願意面對衝突，記住自己對於對方最初的欣賞，並分享感謝之心，都是走在這條路上的必修課程。

做為助人工作者，一直以來，我都是許多人生命中的燈塔。丈夫進入了我的燈塔，也邀請我進入他的燈塔，並和我一起感受、學習和保養燈塔裡各種操作儀器，期待著，這座嶄新樣貌的燈塔能夠照向更遠的地方，永遠矗立。

在茫茫人海裡，尋找真實的陪伴

開始建立深刻的正向友誼這件事，和當時正在進行的「斷捨離之生活整理術」有很大相關性。

幾年前，我開始更嚴肅地看待生命中不斷進出的人流。

做為一名助人工作者，我意識到自己的生命很容易碰見能夠給予或滋養的人，反過來說，能夠對等給予或滋養我的人，相較起來並沒有等比例的存在。

這件事情一開始並沒有特別令我感到困擾，盡可能地去陪伴願意看見或已經意識到自己問題、同時也渴望蛻變的人，一直都是我所熱愛且關懷的對象。

然而，在人際交往中，「友誼」這條關係線是需要能夠互相反饋與承接的。根據每個人生命經驗的不同，能夠進入對方生命的長度和層面也會有所不同。

有的人具有豐富或特殊領域的歷練，當我遇見新的挑戰時，對方會分享適當處遇的方法，或是他踏過此處的經歷；有些人天生具有詼諧的幽默，只需要一句話或一個眼神，就能打破我本來的尷尬與焦慮，將一朵粉色小花播入我灰色的低谷；有些人的生命方向和道路雖然和我大相逕庭，但因為彼此都盡可能真誠、不畏懼地面對生活的挫折，不停歇地反省，大量與自己進行深層對話，於是，即使發生在彼此身上的事情相異，我們依然能夠從分享找到對相似主題的詰問及思索，交換心得與領悟。

我發現，一旦自己沒有明確區分助人者與朋友的角色，自己在關係中就會日漸失衡，需要協助或產生脆弱時，甚至會感到有點迷惑，想著：「誰可以接住這樣的自己？」

助人工作者，同樣會有自己的生命課題。

身為社工、輔導或教練角色的我，不會因為具有專業知識及素養就能迎刃有餘地面對所有事情；還是必須從生活經驗中不停地學習，才能同時扮演好其他角色。

我是一個女人、孩子的母親、老公的妻子、父親的女兒、爺爺的孫子、別人的朋友，同時，也是一個自己。於是，除了整理看得見的擁有物，我也開始整理這些看不見的關係，逐步深入地思考：「那些我希望能夠在工作、精神、心靈成長上互相承接情緒，並給予彼此滋養反饋的人真的不存在，還是因為我被太多人包圍，才會在這片廣大人海中找不到這些人？」況且，如果我們都願意好好對待擁有物，那麼對這些寶貴的隱形資產，不是更應該加倍珍惜嗎？

可是，加倍珍惜是什麼意思？

從對自我的認識和對友誼關係的想像出發，列出「能夠真誠地分享」、「努力實踐自己的人生目標」和「可以談心」三個基本條件後，由此做為起點，我審視身邊有哪些人可能符合兩個要件。

這些條件看似簡單，但如果深入檢視，在這個令人茫然的大時代，不人云亦云地建立對生活的想像及觀點，根據自己的性格和特徵發展適性的未來；同時，是能夠清楚地分析自身狀態，兼具自我揭露的能力，將自己交付給信任的對方；以及真誠分享內心的想法，並在彼此

▲　助人工作者，同樣會有自己的生命課題

我沒有家，
但能
給孩子
一個家

意見相異或產生誤會時，要願意理解對方的經驗，並使用合適的言詞溝通。三者，皆是非常不容易達成的事。

歷經一番掙扎與回顧，我開始發訊息或打電話給在意我或我在意的人，無論交集時間的長短，都表達了我的感謝，並好好告別；同時，選擇了二十個朋友進入新的生命階段。

從一開始的簡短告別訊息，到後來愈來愈能夠完整表達讓對方知曉的想法和感受，大部分朋友都在我向他們揮手後離開或不知所云；但也有少數朋友回饋、分享，釐清彼此的需要和期待，重新拾回我們的友誼。

然而，完成第一次關係斷捨離後的兩年，我忽然意識到，「二十」這個數量對我來說竟然是龐大的。仔細一算，如果每個人一年至少見一次面，意味著一個月必須約莫和兩個人約會。每次的見面當然不是為了充次數，而是與對方創造精心的時刻，真誠地談話與交流。但每個人的狀態與需求又會隨著階段不同而有所改變，如果，要用充分的精神氣力面對生活點滴、與自己獨處，以及和所有重要的人共同成長，勢必要再進行一次檢視。釐清自己的能力和希冀能夠深入關係的程度後，我決定從這二十個人當中往下縮減，調整為十人。

在其中一封約七百字的訊息中，我向朋友小凱坦白了自己的心境很累。我們的友誼一路走來，他投射到我身上的比較與嫉妒，固著在自己的負面思緒裡，就算徵詢過其他人的意見，依然肯定許多事情的發生是因為其他人看不見自己的好，始終不願意承認自己有需要改善的部分；但那些問題就像身體裡的芒刺，只要一天不面對，同樣的糾結便會持續上演，做為朋友的我，也就會繼續被相同的攻擊傷害，無論有意或無意。

即使依然認為小凱是一個貼心而溫暖的人，但經營這段關係所需要付出的代價及誤解對我來說，的確已經高得難以承受。所以，選擇以最善待彼此的方式，結束關係。結束關係，不是結束對於對方既有的肯定與支持；結束關係，只是因為我們正在移動的方向和目標已經不同；因此，結束關係，正是我對我們關係的尊重與負責。因為對等的在乎彼此，聆聽對方需要的同時，也坦白自己的需求。

普羅價值觀中，通常只將有血緣關係人定義為家人，但這些朋友就是我沒有血緣關係的家人。無論彼此的生命進程有了怎麼樣的變化或頓悟，對生命有同樣信念與堅持的我們，距離或時間都不會成為真誠相待的阻隔。

他們之所以是我的家人，不是因為我們毫無選擇，而是我在珍視生命、尊重主體的前提下，選擇所愛。

▲　最重要的朋友之一，阿智

我沒有家，
但能
給孩子
一個家

彷彿像是用了三十幾年的光陰，經過各種試煉、迷惘和挫折，才終於弄清楚一些事情，更加確立自己的核心價值觀，找到我在這個世界上的家人。不是那些一出生就在身邊、血濃於水的人，而是血濃於水的心靈，以及由共識和相愛所主動、願意許諾的扶持。

他們都是我的楷模，我們能夠從彼此身上不斷地互相學習。他們都是我的寶藏，無論我在生命各種階段或創業初期，生活或經濟狀況有多艱難，他們都提醒著我「愛的豐盛」。

人生如夢，我在茫茫人海中，尋找到這份真實的陪伴，實現彼此的夢。期許自己將這份難得珍貴的經驗帶入輔導工作中，引導青年盡情的練習告別，並開展新的關係，經歷我所經歷的「愛的豐盛」。

斷捨離，生活整理術

開始「生活整理術」大約距今三年，截至目前為止，大部分的整理都已經告一段落，僅剩些許細節依然調整、定位中。

雖然過去因頻繁搬家，有過各種丟與撿的經驗，但當時的整理都是因為居住空間太小而進行的調整。

這次，卻是對心態的空間重新檢視。

婚後和老公搬入新家，隨著生活的距離一下子變得無比緊密，我發現老公待在家裡的時間並不長。一開始還以為是習慣的差異和相處上的摩擦，或者他仍忙著工作，無法早些時間回家；但更深入認識彼

▲ 深夜，是我整理空間的最好時刻

為喜歡的生活，成為喜歡的自己

此生活節奏步調後才知道，原來丈夫不願意待在家的理由，其實是因為「家裡的東西太多、太雜」了。對他來說，這不是一個舒服的環境。

於是，渴望能夠和老公擁有更多在家共處的時間，我重新檢視自己和丈夫看待「過多」與「雜亂」這兩種形容的概念、差別。由此著手，瞬間找到一個平衡點，開始了這趟整理之旅。

按照自己舊有的生活習慣活著時，那些雖然已經分門別類、但數量依然繁多的物品，在我看來就只是適當與足夠的象徵而已。然而，終於在一一送給合適的人、回收和丟棄的情況下，有對照組相片的呈現，我才發現家裡最初的模樣，的確沒有調整觀點後來得寬敞、乾淨。

看著擁有的物品貌似多到能占滿房子各處空間，偶爾，我會迷失在舊情人寫的情書裡而沾沾自喜；但住在一個滿是東西的空間，有時

▲　空間整理 —— 粉刷陽臺

會碰上今天心情可能比較安靜，卻被隨處五光十色、色彩繽紛的物件刺激情緒；或一時之間迷失在各項配件裡，明明東西很多，卻怎麼樣也找不到最適合的感覺搭配；而每一本書的存在，都像是「我有在學習」、「我有在精進」、「我有在進步」的證明，望著高高疊起的書籍，彷彿把腦袋裡的知識和成長具象化，但本來想要開始專心工作的心情，卻在抬起頭看見床頭積放的各種書本時，忍不住動手翻閱起來。最重要、最基本的當前及此刻，消散在這些念舊或自豪的自言自語中，像個退休老兵不斷呢喃懷念著當年的英勇事蹟般。

這一刻我才發現原來整理的不只是看得見的空間，還有我和丈夫各自的成長背景。

我對事物的概念與想法，正是來自原生家庭的環境及成長歷程，丈夫亦然。

所以，我們對事情想法的差異，並不是不願意理解對方，只是既有認知上的不同罷了。在這趟旅程中，我的重點地標主要分成三點：代表知識的書本，代表性格與生活狀態的服裝，以及代表生命歷程的照片。

第一個地標：書本。

我一直對看書和擁有書這件事有著高度著迷，彷彿書本的數量和知識的累積緊密相關。對於一個孜孜不倦、渴望拚命成長的人來說，書所帶來的不只是觀點、資訊和故事，還是一種看得見的數字累積。

最初進行書本整理時，內心非常掙扎，彷彿每丟一本書，自己就變笨了一點；每送一本書，腦袋裡的知識就少了一些。比起腦袋裡看不見的素養，藏書就像是這些素養存在的證據，況且，一本又一本的書，都是經年累月挑選下來的好東西，把它們留在家裡真的會占用很多空間嗎？我不斷反覆詢問自己。

但所謂改變這件事，正是一種挑戰自己既有框架的生活方式。在內心無數次尖叫，我終於在一個徹夜未眠的清晨，咬著牙開始動手。

考慮到有些書讀完後，部分內容是想要保存下來、重複閱讀，我首先練習的是「拆書」。

所謂拆書，就是閱讀完一本書後，將書上的重點剪貼下來，黏進空白的素描本。如此一來，既能夠騰出更多空間，也能記錄最受益的字句，供日後翻閱。

起初做這件事情時，只是單純覺得如果把重點放在一起，未來就

為喜歡的生活，成為喜歡的自己

會更方便閱讀。後來發現，這件事情需要花費的功夫和時間成本，其實並沒有比較容易。於是，我改變策略，把重點字句抄寫下來，再將書轉送給其他需要的人，也讓書的價值得以繼續流傳。

現在架子上僅有的，便是在這種整理模式的持續下，留存現在需要閱讀的書籍；其餘的不是進了筆記本和腦袋，就是送出了。

有時候，書櫃可以代表一個人的涵養；但有時候，書櫃代表的其實只是一個人的虛榮心罷了。

第二個地標：服裝。

年輕時，我的穿衣風格總是以黑色為主。遇見一個做髮飾的大姊後，身上的顏色愈來愈多元，短時間變得五彩繽紛、斑斕如鱗。

隨著工作需求而發展，慢慢轉為單一色系，全紫、全橘或全綠，從頭髮到鞋子，一律都是相同色調，再以色階做對比呈顯。直到某一刻開始，期許自己能夠成為一個更為溫柔、包容的人，便努力在穿著風格中參雜亞麻、蕾絲或森林等元素。

許多人會以衣著已有的設計或風格設定自己，我在這一方面剛好相反。一面檢視過往購物的方式，一面注意到自己其實並不是大家口中特立獨行、標新立異的人。

雖然我看起來很像。

事實上，比起無所拘束的自由發揮，我更喜歡在某種活潑的框架中，重新將自己喜歡的事物融合、改造。我沒有想要完全打破框架能夠提供的方向感及安全感，精確來說，我渴望的是在已經豐富的框架

▲ 我其實不是大家口中標新立異的人，雖然我看起來很像

內，使用手中的資源，變幻出新的可能性。

幾年積累下來，嘗試過各種不同模樣，領悟到自己的基本需求大致有：一件到底、口袋和帽子等必要元素，同時，結合美感上的喜好與希望呈現在公眾面前的形象，最後走向了「客製化」這條道路。

根據這條原則，那些不是最符合自己喜好和需求的衣服，就被我轉送或回收掉了。即使有再多衣服，我們真正會穿的其實不過就是那幾件。

即便有再多選項，我們正在過的生活也就是眼前所選。

當我把此刻已經不完全適合的衣服轉送出去，看著接收者們的微笑，並且知道這些衣服能夠對他們的人生帶來影響時，我也看見了取捨不只為自己帶來更明確的方向，也為那些需要鼓勵的人帶來實際的推動與祝福。

我們的服裝和生活有著密切關係，看著衣櫃裡所呈現出來的生活面貌，我只想大聲地說：「現在的生活，很好。」

第三個地標：照片。

我們一生中都拍過或被拍過無數張照片。有些是其他人眼中的自己，有些是自己看見的風景與故事。從開始打工至今，我保存各個時期的照片：曾經的舊情人、參加過的活動、日常生活的隨拍、具有紀念意義的節日或其他人捕捉到的我。

然而，在這數千數萬張照片裡，到底有哪些是我老的時候還會想拿出來和人分享的？存留這麼多照片，不就是為了保有當時的回憶嗎？我真的會在未來的日子裡，把所有照片都一一看過嗎？如果不會，那留著它們是為了什麼？

整理的時候，最令我感到猶豫的莫過於那些來自其他人分享的我，或同時期好幾張自己看了也很欣賞的我。前者是他人的肯定，後者則是自己的自信。

一張接著一張，從年代到事件，仔細篩檢出那些對自己來說最重要的照片，並沖洗出來，其餘的則連同電子檔一併刪除，不留一絲電子垃圾。連自己都不會想看的照片，怎麼可能還會想向其他人分享；而那些沒有機會深入仔細回顧的人生，也都在眼下一張張的翻閱裡，被再一次攪動、回憶、反省，然後放下。

在密集贈送與丟棄的過程中實踐斷捨離，讓我逐漸明白整理術根本的核心，其實是一種對自己和關係的重新辨認及確定。

輔導會談中，我也運用此方法，帶領青年決定要捨去或留下的物品，除了考量物品本身的價格與實用性，同時在面對自己與這件物品或贈送者之間的關係。

我是誰？我要什麼？我將往哪裡走？物質地標背後的問題，才是我真正想要整理的東西。

▲ 斷捨離——照片

為喜歡的
生活，
成為
喜歡的
自己

親愛的寶寶，我是你的母親

親愛的寶寶，我是你的母親。

歡迎你來到這個充滿驚奇與荊棘的世界，無論未來的你選擇怎麼樣的生活，決定長成什麼樣的人，碰見什麼樣的困難或挑戰，發生什麼樣劇烈激盪的生命轉變，媽媽和爸爸都希望你能夠都一直記得——

你是上帝珍貴的創造，自母腹中，上帝就愛著你。

如同你可能已經聽說過，出生在極為複雜又不健康家庭的我，其實一直都沒有自信有朝一日自己也能成為足夠好的母親。過去，光是想像自己有可能成為母親，就足以讓我忍不住焦慮得哭泣。

我從自己母親身上感受到的，大部分幾乎都是被誤解、全然否定和被遺棄的經驗。這樣的情感陰影讓我感到非常懼怕，那些尚未處理好或注意到的課題，會不會不小心傷害到我的孩子？我始終都無法確定，自己是不是能夠不重蹈我的母親、也就是你的奶奶的覆轍，破解長年以來束縛、刺痛著我的創傷，把你愛好，使你得以健康自由地成長，擁有足夠的支持、理解及關愛，長出堅定自信的眼光去迎向這個世界。

我擔心來自現實的各方壓力，會讓我在無心之中鑄下難以彌補的傷害，例如：因為吵架，使你成為我和爸爸之間的夾心餅乾，或是情緒上來時，把問題的矛頭指向你，將你視為一種沉重負擔，即使你並不是主動選擇要出生、成為我們家的一分子；即使我知道產後的身體狀態、新成員的加入、經濟的負擔、與你爸爸之間的溝通和協調關係，以及我內心對各樣事情的重新認識，都會成為製造衝突或障礙的因子。

我害怕自己不夠好。

我的恐懼聯繫著我的愛，不是因為我不愛你所以恐懼，恰好相反，正是因為我太知道愛具有的力量，所以更憂恐愛的失能會判定我是一個失格的母親，並且深深傷害到你。

可是，你知道嗎？親愛的寶寶，隨著你從一顆小到看不見的黑點，逐漸長成一個有清晰面孔的身軀，然後誕生。神奇的事情就在我們日復一日的目光相接、你安靜地依偎在我胸懷吸吮乳房、每天熟睡的天真臉龐，以及單純微笑的開心聲音中發生了。

一邊擁抱著小小的身軀，一邊輕聲喊著你的名字，我依舊憂慮自己可能愛你愛得不夠好。但這座害怕的地窖正在消融瓦解，爸爸坐在我身旁，和我一起頭靠著頭、肩並著肩，一隻手牽住彼此，一隻手共

▲　肚子裡的小嶼，八個月大

▶ 莫名頭痛六個月後，終於迎接了小嶼的誕生

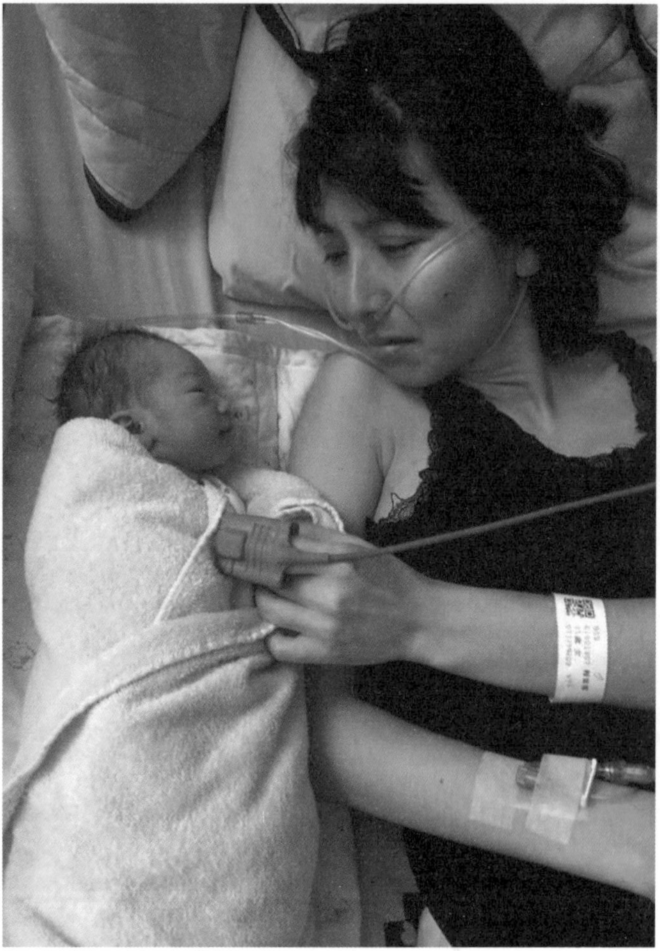

我沒有家，
但能
給孩子
一個家

同環抱著你，找到了一扇迎接愛的大門。

自你出生以後，爸爸和我一直討論該怎麼分配工作和照顧你的時間。考慮到懷孕期間，嚴重頭痛到多次需要打嗎啡、產後無論身體或精神都非常虛弱的我，一開始是爸爸體貼地接手許多日常打點。

夜裡，數次起床查看你是否會因為翻身、睡歪而阻礙了呼吸，買菜、下廚、換尿布和洗澡，樣樣不假我手，帶你一點一點接觸外面世界的光線；同時，必須撰寫下年度的工作規劃、執行正在進行的計畫、精打細算經費的不足該怎麼補等，我們的時間被分割成多塊碎片，能夠專心或休息的片刻零散到不知所以然。

但站在這扇大門前，我不是獨自一個人。

我們就像新組成的三劍客，磨合彼此個性及習性的差異之處，目的是要能更了解對方、累積默契、加深信心，準備打開故事的新章節，一起探索、面對未知的世界。

迎接你的到來以前，最讓我煩惱的是受局限的自由和有限的金錢。我糾結著自己尚未完成想做的事情，以及不夠穩固的經濟基礎，彷彿會無法心甘情願地照顧你；同時，來自原生家庭的混亂不堪與家人不負責任的行徑，更促使我對生存這件事，有著根深柢固的不安全感。

一路跌跌撞撞走過來，我如果想要存活下去，告訴其他人生活的真相或單純尋求協助，往往都可能會被對方既有的框架誤解或拒絕。如果我想在某個環境居住久一點，就必須學會如何討好那裡的人，或將自己的外在樣貌與態度轉變為對方能夠接受的；如果我想駐留在一段關係中，就要知道如何滿足對方的期待和欲望。

唯有在供需的互動裡，我才能確定自己握有多少不會被隨意拋棄的籌碼。

這樣的生存焦慮，當然也根本地撞擊著我對養育孩子的自信。

現在，身為三劍客之一的我，知道面對生命這樣巨大的發生、這樣充滿豐富性和可能性的到來時，無論自己怎麼準備都不會有完全妥善的那天，還是無法完全避免可能會遇到的困難及變化。明白了重點不在於我必須是個足夠好的人，而是即使我可能會出錯、可能會失誤，也能在不完美中看見美好，變得勇敢與成熟。

那才是帶領我們關係的真諦，是我們願意去付出和建立關係，使得我們完美。

此刻，我又哭又笑地過著失序、忙亂的生活，有時脆弱瓦解、情緒崩潰，有時充滿歡笑、喜樂相伴的生活，也飽含著一顆踏實滿足、對未來充滿嚮往的心。並且，能夠肯定的是，有了上帝、爸爸、許多經驗道路上的前輩和朋友，以及你的相伴，媽媽不再是一個人。

你，也不是。

為喜歡的
生活，
成為
喜歡的
自己

▲　親愛的寶寶，我是你的母親

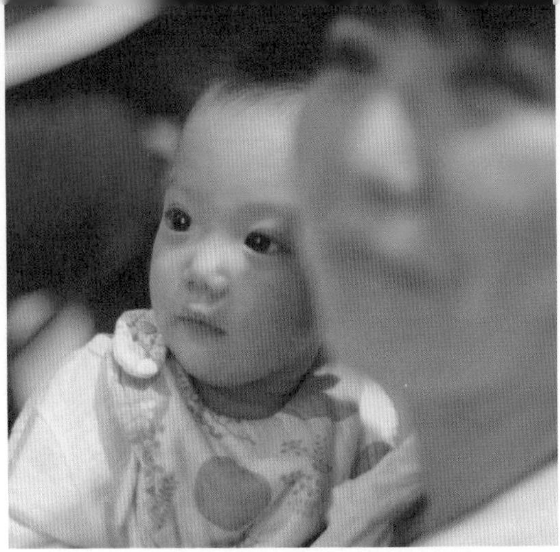

◀ 感謝有你，我不再是一個人

為喜歡的
生活，
成為
喜歡的
自己

Postscript

活出心嚮往之處

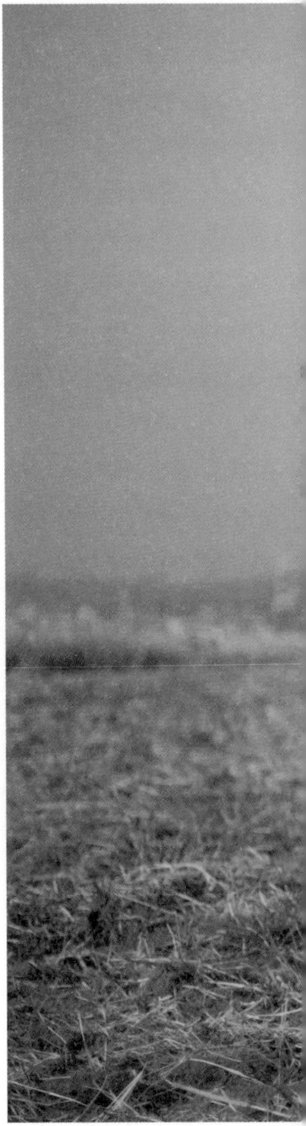

後記

活出心嚮往之處

很慶幸，自己在墮落前被社會接住，同時，也很沉重，知道很多和我有相似成長背景的青年，不是如此幸運地著地，繼續生活。

從小，每當嘗試談論自己的受傷，總是被避諱地說：「不可能吧！妳看起來不像啊！」或者「天下無不是的父母，他們不會傷害妳。」於是，我努力在臉上擠出笑痕，隱藏悲傷，把眼淚流得不動聲色。很多時候，哭不是因為難過和傷心，只是堅強太久了，拚命想在眼淚裡尋找安慰和鼓勵，拼貼出「妳，已經做得夠好了」的字句，逼自己繼續面對看不見希望的未來。

後記

我努力不要費盡所有力氣，成為最討厭的自己。終於，在許多人的幫助下，沒有躲在黑暗裡自憐自艾，或從高樓上向下跳躍。我努力竭盡所能的衝撞、變好，相信周遭是良善的。終於，我撥開了烏雲感受到陽光照射的溫暖，知道美好的人生是計畫、不是計較而來的。

很高興，自己沒有因為痛苦就選擇看不見曾經有過的片刻美好，才能聽見許多人告訴我：「辛苦了，妳已經很努力了。」和「妳能夠活到現在，真是勇敢。」

曾經，我壞了，壞得徹底。如今，我好了，長得夠好。

我現在的樣子，不只取決於創造了什麼，也取決於捨棄了什麼。

抱著剛滿一歲的小嶼閱讀書稿，似乎有點明白：

原來自己從沒忘記怎麼愛，只是忘記了愛遺留在何處。

一路走來，得到很多人的幫助和鼓勵，如今，有了力量可以支持我繼續走往心嚮往之處。於是，我也希望這本書能夠支持你，不要花時間思考傷害你的人，為什麼要傷害你；而是去尋找可以照顧你、愛你的人，並且相信他們真的會陪伴你走一段路。

書出版了，要感謝的人很多。

十年，實際上是這本書的年齡。從構思、採訪、續寫、修改，以及出版社的編輯和校正，直到你手上翻閱的實體書，一切都好不真實。收到出版社的邀約，已經不是第一次了，但每每在真實而赤裸的書寫時間裡，總讓我陷入過去的幽暗回憶，不小心於文字的大海裡沉溺。很高興，終於有人可以與我一起完成了。

我沒有家，
但能
給孩子
一個家

特別感謝親愛的老公，你的長期陪伴與呵護，讓我面對過去憂傷來襲時，能不再陷入風暴之中。

特別感謝親愛的義父，你給予的支持、包容和愛，重建了我對自己選擇的勇敢和負責。

特別感謝爺爺和公婆，你們的體貼和接納，給予了我長出韌性求生的能力。

特別感謝重要的朋友們，你們的體諒和照顧，讓我經歷「從陌生人到家人的可能，伴我學習重新信任和感謝」。

特別感謝親愛的羽柔，妳持續用心聆聽、書寫和溝通，讓我們完成了這本書！

特別感謝出版社及編輯們的協助，讓我圓了久違十年的夢。

還有魚麗共同廚房、勵馨基金會、聯合勸募、公勝保險經紀人、忠泰藝術文化藝術基金會、娃娃活工作室、以諾哥和毛毛姐、世杰哥和月英姐、禮勳哥和奕菁姐、先鵬哥和恩慈姐、陳穎姐、嘉讌姐、健明姐、敬文哥、克威哥、塗哥、俊宏哥、黃建益大哥、陳爸、芯瑋、偉翔、仲威、鈺穎、小熊、馬克先生、弘勳和小菊、林陞和Vicky、吳就君老師、王行老師、鄭雪花老師、邱瓊慧諮商師，以及這一路走來每個願意愛我、幫助我、教導我、啟發我的你。

我相信「我們在一切患難中，神都安慰我們，使我們能用他所賜的安慰，去安慰那些在各樣患難中的人。」哥林多後書１：４

後記

VIEW 089

我沒有家，但能給孩子一個家

作　者—賴雷娜、孫羽柔
攝　影—楊仁銘
主　編—邱憶伶
責任編輯—陳映儒
行銷企畫—林欣梅
封面設計—兒日
內頁設計—美果視覺設計（林采瑤）

編輯總監—蘇清霖
董事長—趙政岷
出版者—時報文化出版企業股份有限公司
一〇八〇一九臺北市和平西路三段二四〇號三樓
發行專線—（〇二）二三〇六—六八四二
讀者服務專線—〇八〇〇—二三一—七〇五
（〇二）二三〇四—七一〇三
讀者服務傳真—（〇二）二三〇四—六八五八
郵撥—一九三四四七二四時報文化出版公司
信箱—一〇八九九臺北華江橋郵局第九九號信箱
時報悅讀網—http://www.readingtimes.com.tw
電子郵件信箱—newstudy@readingtimes.com.tw
時報出版愛讀者粉絲團—https://www.facebook.com/readingtimes.2
法律顧問—理律法律事務所　陳長文律師、李念祖律師
印　刷—和楹印刷有限公司
初版一刷—二〇二〇年十二月十一日
定　價—新臺幣三八〇元
（缺頁或破損的書，請寄回更換）

時報文化出版公司成立於一九七五年，
一九九九年股票上櫃公開發行，二〇〇八年脫離中時集團非屬旺中，
以「尊重智慧與創意的文化事業」為信念。

我沒有家，但能給孩子一個家 / 賴雷娜、孫羽柔著. -- 初版. -- 臺北市 : 時報文化出版企業股份有限公司, 2020.12
面；　公分. --（View 系列；89）
ISBN 978-957-13-8461-0（平裝）

1. 賴雷娜 2. 自傳 3. 臺灣

783.3886　　109017965

ISBN 978-957-13-8461-0
Printed in Taiwan